未来をひらく 宇宙のことば

産業編集センター／編

プロローグ

この地球上には、私たち人間を含め、様々な動物、植物が暮らしています。

初の生命がいつ生まれたのかはわかりませんが、発見されている最古の化石は約35億年前のものとされています。

私たちは途方も無い年月をかけて進化し続け、とうとう宇宙飛行をするまでになりました。

人類が初めて宇宙へ旅立ち、ガガーリンが地球の青さをその目におさめてから60年。

アームストロングらが初めて月に降り立ってからは50年が経ちました。

このように、多くの「初めて」を凄まじいスピードで積み重ねている私たちですが、宇宙の映像や写真を見る度、「新しさ」とは正反対の「懐かしさ」を覚える人は少なくありません。

宇宙飛行士でもないのに、どうして？

それは、もともと人間の身体を作る元素が、星を構成する成分と同じだからかもしれません。

つまり私たちは星のかけらでできているとも言え、だから宇宙に触れたとき、無意識に細胞が懐かしがるのです。

宇宙の映像や写真を見ると、なぜか自分も真綿に包まれ浮遊しているような感覚を持つ人もいるそうです。

無重力空間に行ったこともないのに、どうして？
それは、宇宙遊泳の感覚が、お母さんのお腹の中で羊水に浮かんでいる感覚に近いからなのだそうです。
誰しも胎内にいた経験を持っているとも言え、だから宇宙に触れたとき、無意識にその感覚が蘇るのです。
本書は、宇宙の写真と宇宙にまつわることばで構成されたフォトブックです。
空想に浸れたり
癒されたり
明日への活力が得られたり
そんな写真と言葉を集めました。
壮大で優麗な写真を見ることで、抱えている悩みが小さくなったり
シンプルで普遍的な言葉を読むことで、自信がどんどん湧いてきたり
あなたが毎晩眠りに就く前、ページを開くことで、そんな役割をこの本が果たしてくれることを願いながら。
あなたの心の春夏秋冬に寄り添う一冊になることを信じながら。

「宇宙のことば」編集部

※本書で紹介している「ことば」とそのページに掲載されている「写真」は、必ずしも関連しているものではありません。

1
section

母なる大地に抱かれる

昨日の夢は、今日の希望になり、明日の現実になる。

どんなことでも不可能だと言い切ることはできない。

（ロバート・H・ゴダード）

Robert Hutchings Goddard

アメリカの発明家、ロケット研究者。ロケット工学草創期における開拓者の一人で、「ロケットの父」と呼ばれた。

「ほんの少し先に思考のアンテナを広げる」という
意味での「想像力」が重要。

（若田光一）

Koichi Wakata

宇宙飛行士。これまでにアメリカ航空宇宙局のスペースシャトルや、ロシア連邦宇宙局のソユーズに搭乗して、4度宇宙飛行ミッションを行った。

一人ひとりが、広大な宇宙の中の、小さな、そして
かけがえのない存在であることを、実感しながら生
きていくことができたらきっと世界は美しくなる。

（高橋真理子）

Mariko Takahashi

宙先案内人（Cosmos Navigator）。19年間プラネタリウムに勤務。2016年からは、仲間とともに「星つむぎの村」を立ち上げ。「星を介して人と人をつなぎ、ともに幸せをつくる」場を構築している。

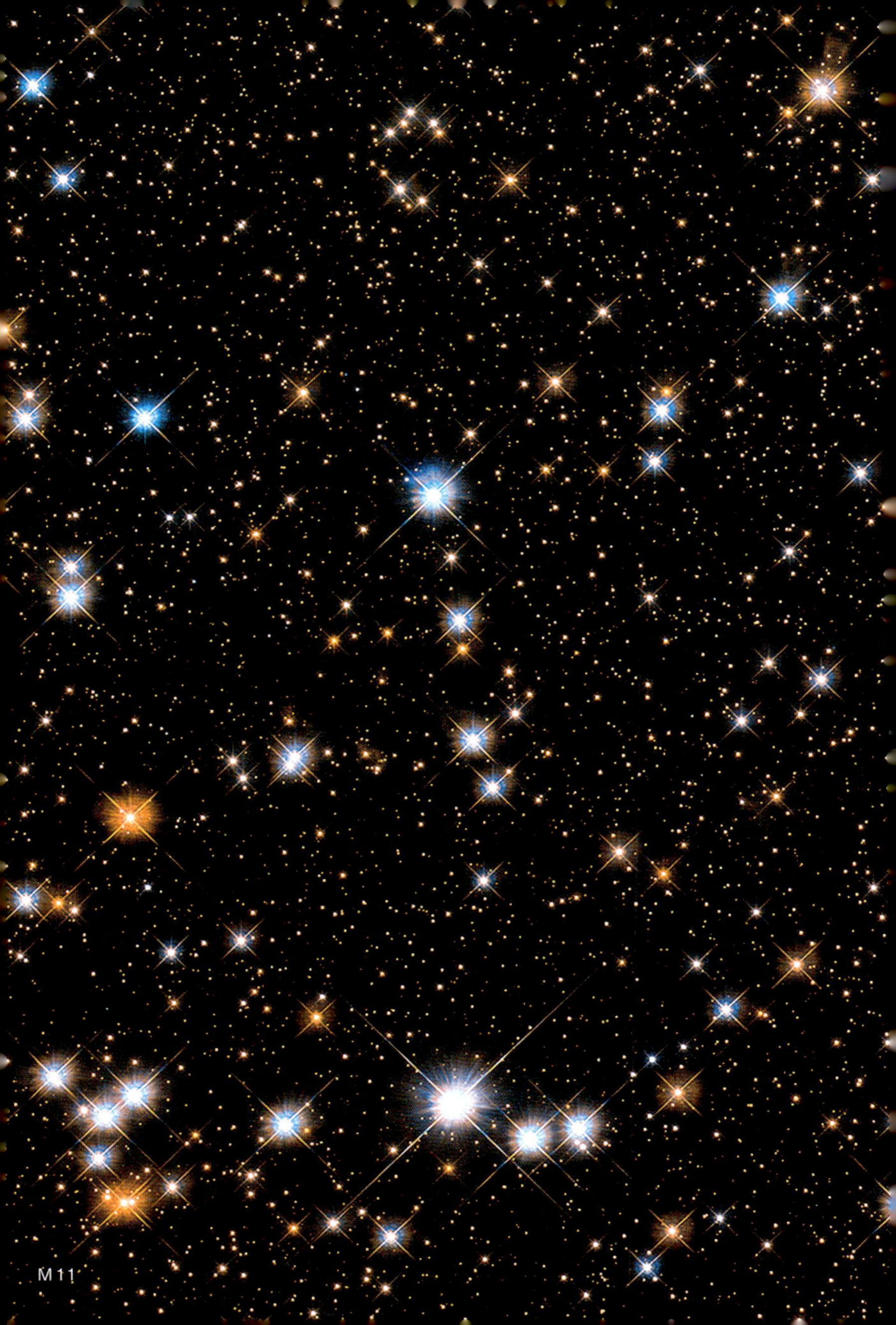

M 11

ガス雲を振り回す中間質量ブラックホールの想像図

ブラックホールは思い描かれているほど真っ暗で真っ黒なものではない。落ちたら永遠に抜け出せなくなるような地獄でも牢獄でもない。抜け道はあるし、もしかしたら別の宇宙につながっているかもしれない。もしもあなたが、ブラックホールに落ちたような気持ちになったとしても、絶対に諦めないで欲しい。出口はきっとあるから。

（スティーヴン・ホーキング）

Stephen Hawking

イギリスの理論物理学者。一般相対性理論と関わる分野で理論的研究を前進させ1963年にブラックホールの特異点定理を発表し世界的に名を知られた。

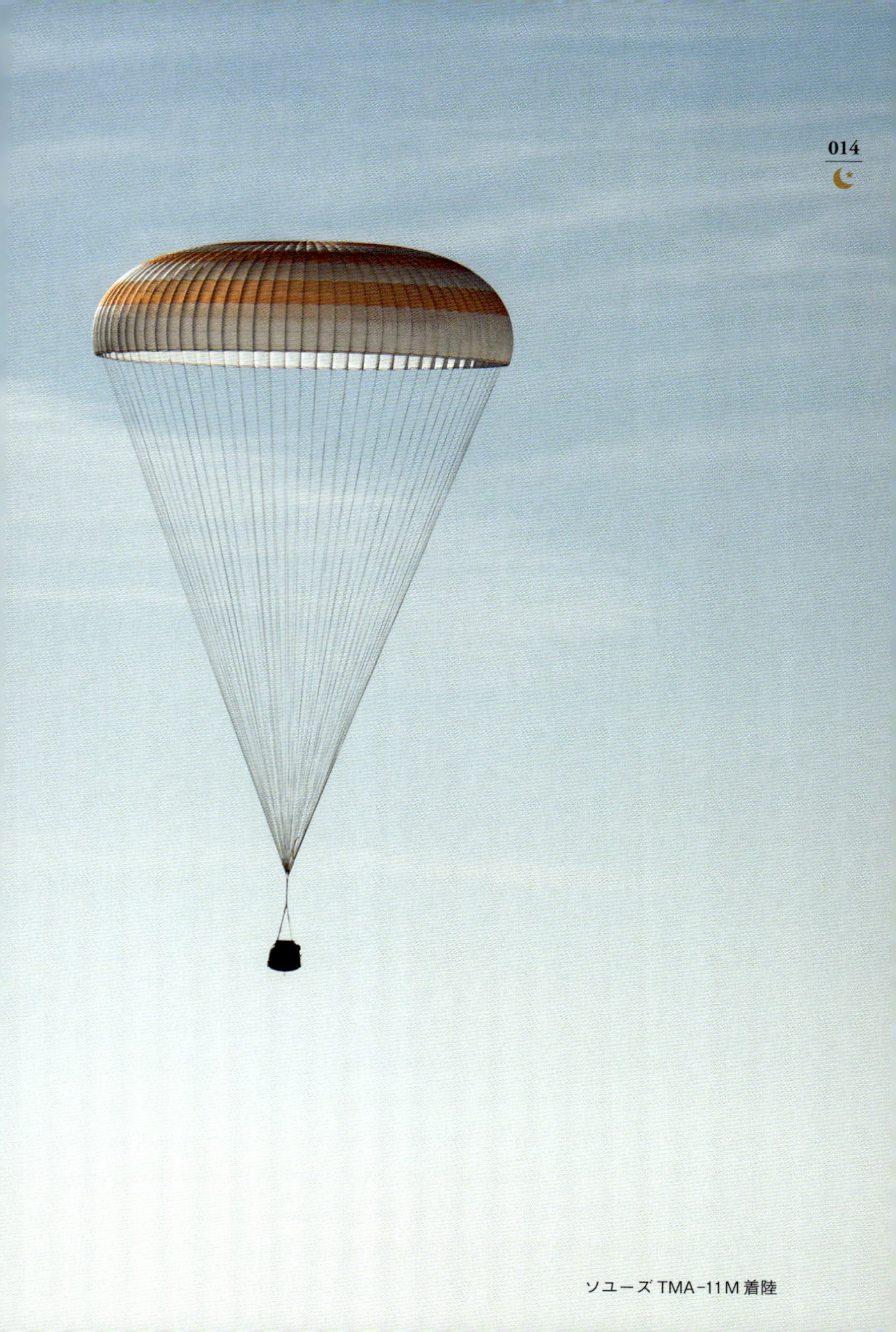

ソユーズ TMA-11M 着陸

「タイミング」これが私の人生の鍵を握ることばです。
いつも適切なタイミングに適切な場所にいられたことが今の幸運に繋がっています。

（バズ・オルドリン）

Buzz Aldrin

アメリカの宇宙飛行士、空軍軍人、エンジニア、宇宙航法学博士。ジェミニ計画及びアポロ計画に飛行士として搭乗、アポロ11号の月着陸船パイロットとして人類初の月面着陸に貢献し、月面歩行を行った史上2番目の人類となった。

昨日から学び、今日に生き、明日への希望を忘れない。大切なことは問い続けることだ。

（アルベルト・アインシュタイン）

Albert Einstein

ドイツの理論物理学者。特殊相対性理論および一般相対性理論、相対性宇宙論、ブラウン運動の起源を説明する揺動散逸定理、光量子仮説による光の粒子と波動の二重性、アインシュタインの固体比熱理論、零点エネルギー、半古典型のシュレディンガー方程式、ボーズ＝アインシュタイン凝縮などを提唱した業績などにより、世界的に知られている。

オリオン座近くにある馬頭星雲

チーム力というのは個々人の力の「足し算」では意味がないのです。つまり一人の力を１としたら、二人チームの力が２、５人チームの力が５だったというのでは、チームがチーム力を発揮したとは言えません。二人チームで力が３〜４、５人チームを組んだら力が10にも30にもなったとき、初めてチーム力という概念が意味を持ってきます。

（山口孝夫）

Takao Yamaguchi

JAXA有人宇宙環境利用ミッション本部 有人宇宙技術部グループ長として国際宇宙ステーション計画に従事。「きぼう」日本実験棟の開発、運用、宇宙飛行士訓練などを担当。専門は人間工学と心理学。

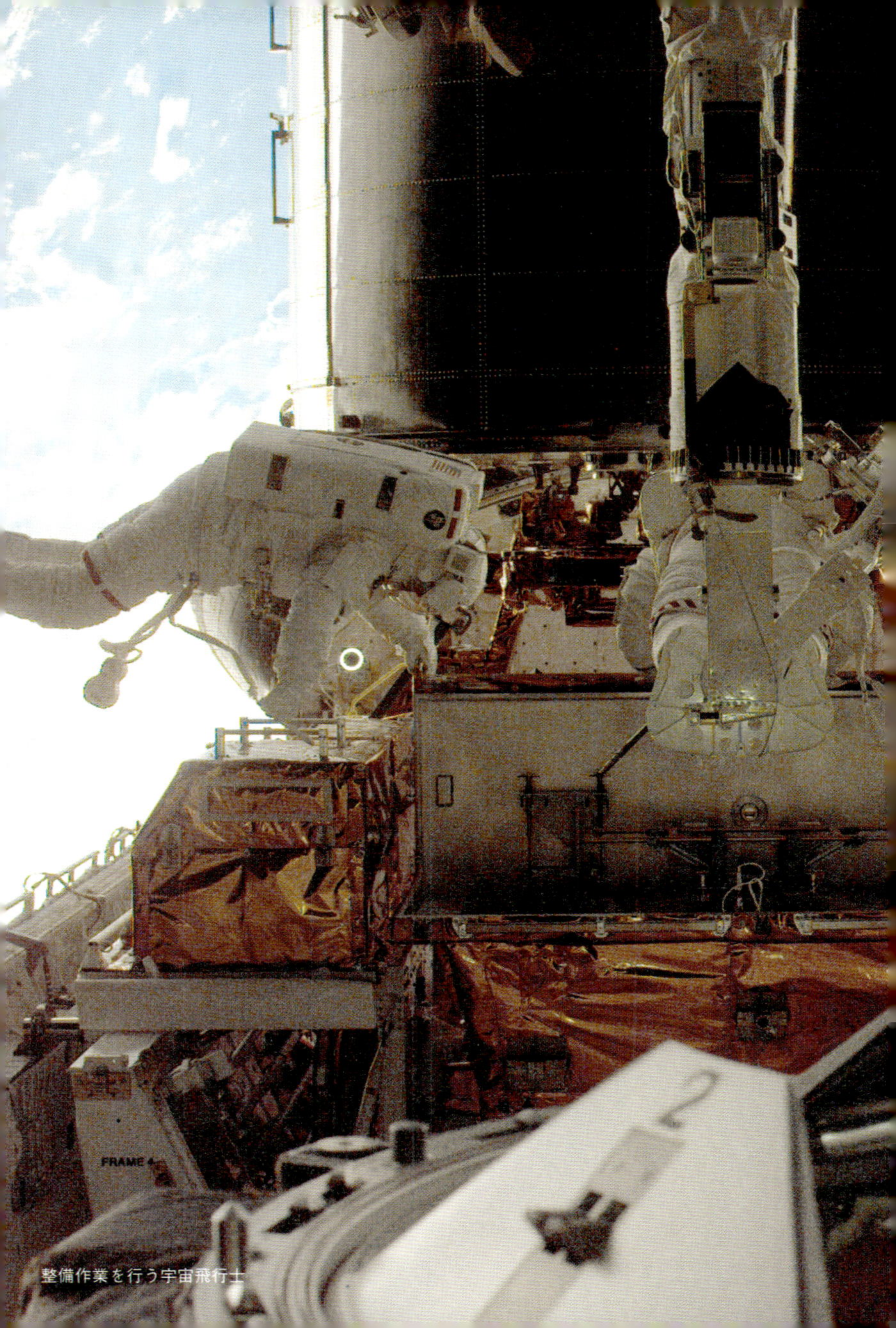

整備作業を行う宇宙飛行士

私が畏敬の念を抱くものはこの世に２つ。満天の空と
自分の中にある宇宙だ。

（アルベルト・アインシュタイン）

Albert Einstein

ドイツの理論物理学者。1905 年に発表した特殊相対性理論では「質量、長さ、同時性といった概念は、観測者のいる慣性系によって異なる相対的なもの」であり、「唯一不変なものは光速度 C のみである」と唱えた。

星に向かって語りかけても、何も答えはしない。何かをくれるわけでもない。しかし、星は、何故か私たちに夢や希望を与える。生きろといわんばかりに。自然というものは、はるか人間の力の及ばないところにあるからこそ、傷ついた人を癒す力を持つのかもしれない。

（高橋真理子）

Mariko Takahashi

宙先案内人（Cosmos Navigator）。出張プラネタリウム事業の「キャリングプラネタリウム」や、「病院がプラネタリウム」は、仲間と共に立ち上げた「星つむぎの村」が運営主体となっている。

「今」というのは、過去に繰り返してきた決断の結果。

（若田光一）

Koichi Wakata

宇宙飛行士。96年にスペースシャトル・エンデバーで初飛行。「いつでも宇宙飛行に行けるように飛行機の操縦訓練、筋トレを続けています。日本人最高齢の宇宙飛行士を目指します」と語っている。

テストロケットとオーロラ

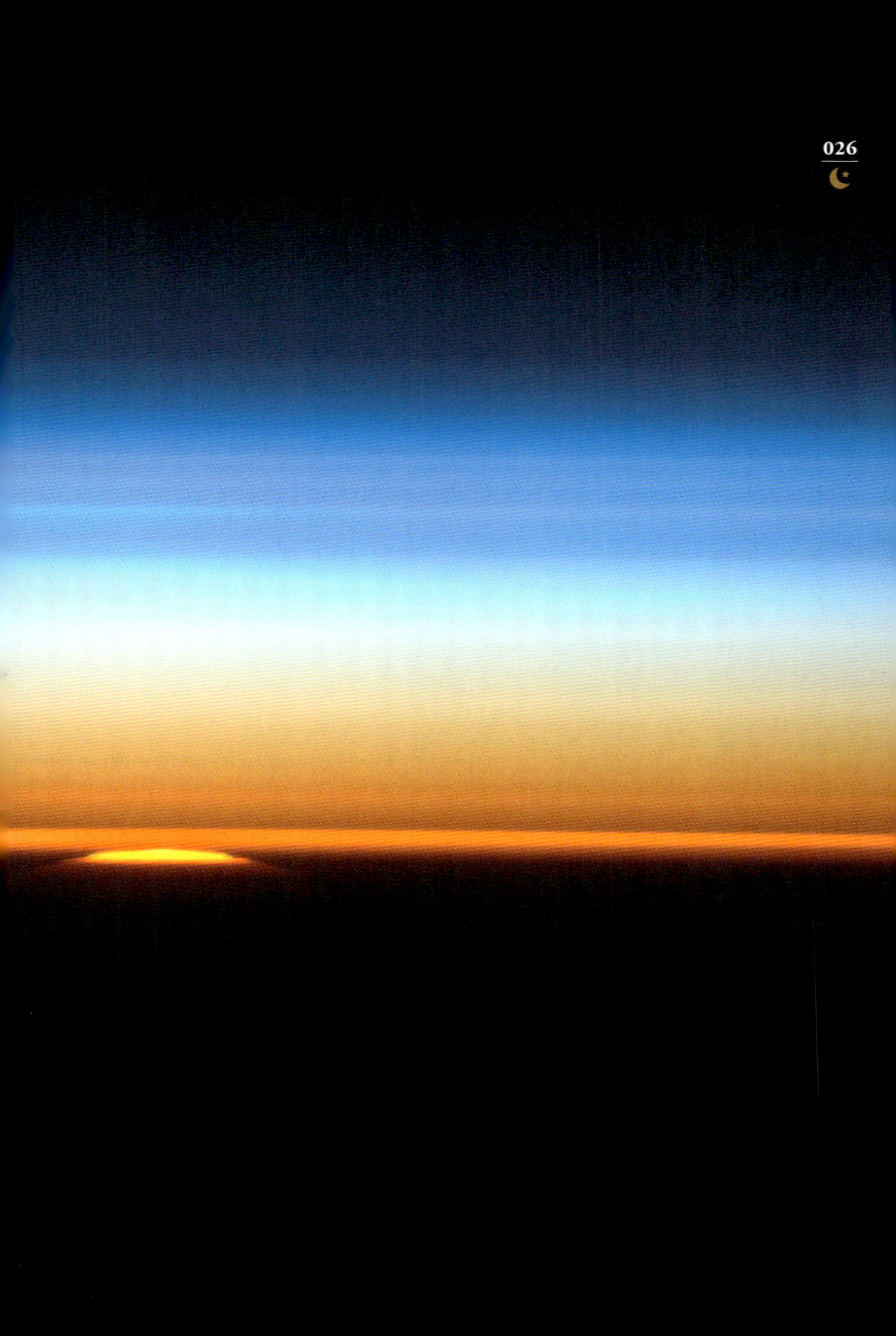

ほんの些細な新しい現象に気がついて、それをとことん突き詰めていく。イノベーションはそうした追究の果てに生まれます。日本人は、細部にまで神経を研ぎ澄ませることを大切に考えているわけですが、それは科学というより、芸術的な感性を、自然を通して養っているからではないでしょうか。

（毛利　衛）

Mamoru Mohri

宇宙飛行士、科学者。1961年、13歳の時にソビエト連邦のボストーク１号が人類初の有人宇宙飛行に成功した際、飛行士のユーリイ・ガガーリンが発したとされる「地球は青かった」という言葉がきっかけで、宇宙に対する憧れを抱く。

千里の道も一歩からです。私たちがやるべきことに、あまり変わりはないはずです。一歩を踏み出すかどうか、にかかっているようにしか思えてなりません。

（谷口義明）

Yoshiaki Taniguchi

天文学者。専門は、銀河天文学。1988年、おとめ座の銀河NGC4772に出現したII型超新星SN1988Eを、1997年には、宇宙の彼方にある誕生間もない銀河を発見した。

赤く染まるソユーズの発射台

我々は、数多ある銀河の中の、忘れ去られたような宇宙の片隅の、取るに足らない平凡な星に住んでいるにすぎない。

（カール・セーガン）

Carl Sagan

アメリカの天文学者、作家、SF作家。NASAにおける惑星探査の指導者。惑星協会の設立に尽力。核戦争というものは地球規模の氷河期を引き起こすと指摘する「核の冬」や、地球工学を用いて人間が居住可能になるよう他惑星の環境を変化させる「テラ・フォーミング」、ビッグバンから始まった宇宙の歴史を「1年という尺度」に置き換えた「宇宙カレンダー」などの持論で知られる。

NGC6946

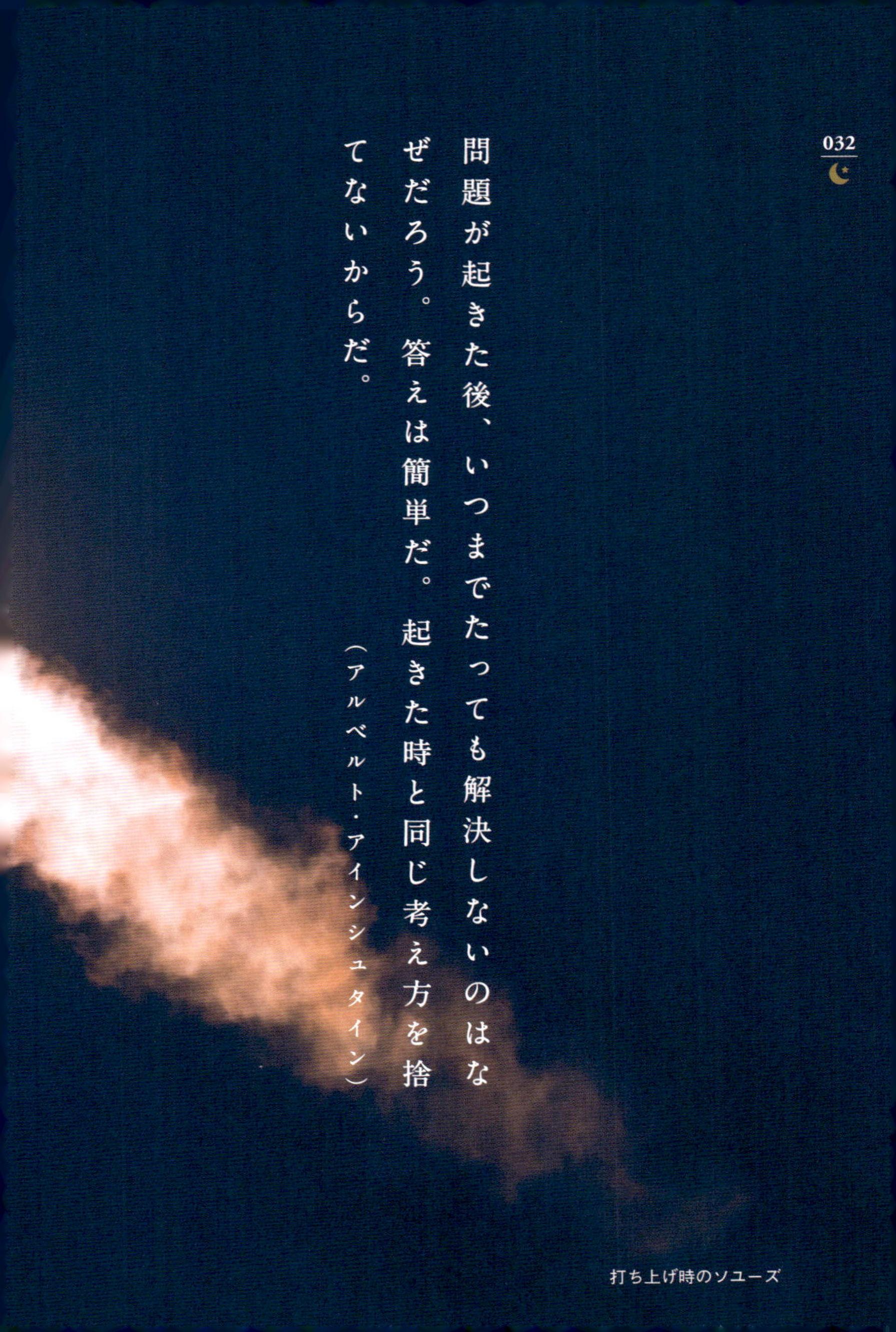

問題が起きた後、いつまでたっても解決しないのはなぜだろう。答えは簡単だ。起きた時と同じ考え方を捨てていないからだ。

（アルベルト・アインシュタイン）

打ち上げ時のソユーズ

Albert Einstein

ドイツの理論物理学者。26歳のときに3つの重要な論文を発表する。この1905年は「奇跡の年」とも呼ばれている。「奇跡の年」およびそれに続く数年で、アインシュタインは「光量子仮説」「ブラウン運動の理論」「特殊相対性理論」に関連する五つの重要な論文を立て続けに発表した。

ワシントンで撮影されたスーパームーン

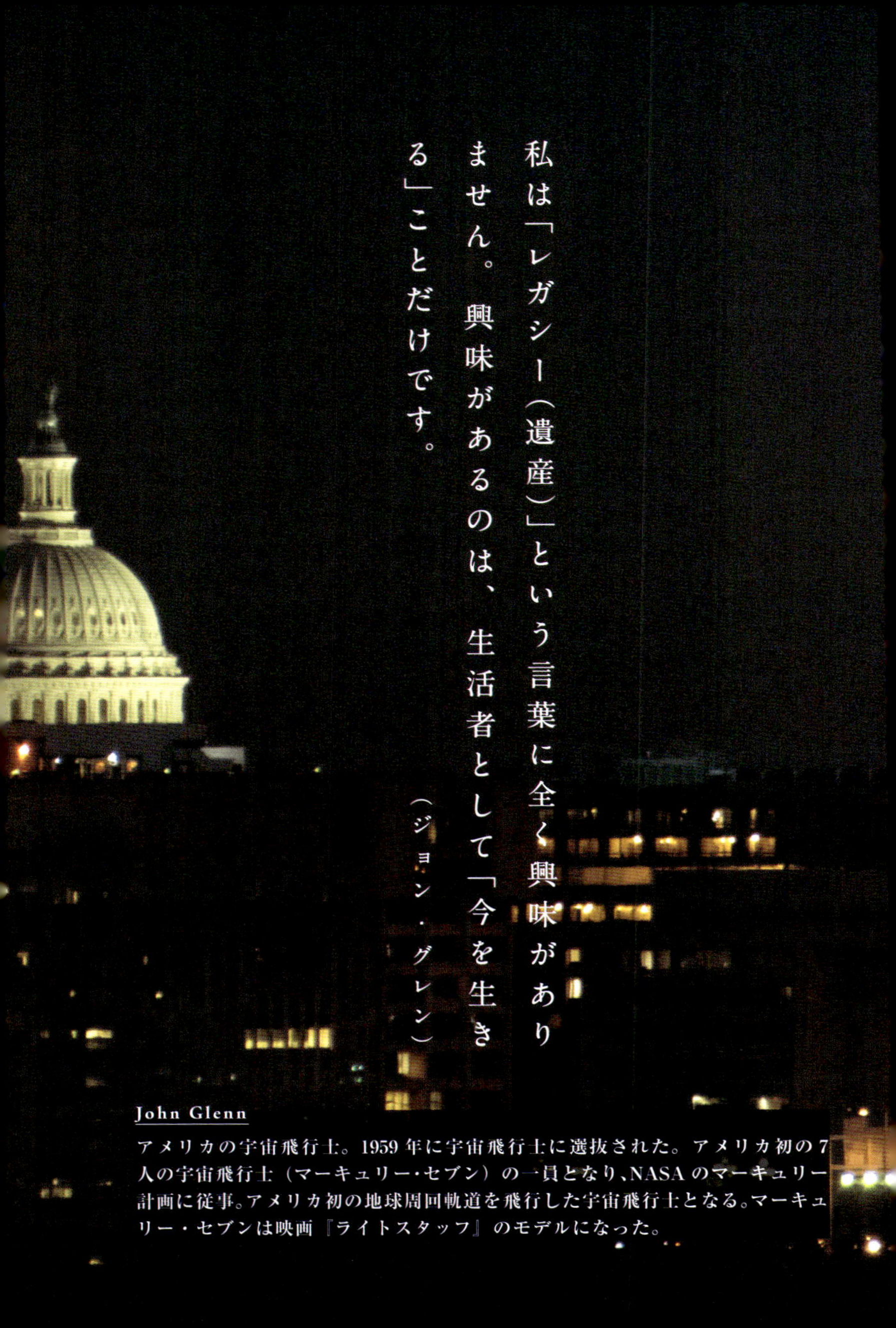

私は「レガシー（遺産）」という言葉に全く興味がありません。興味があるのは、生活者として「今を生きる」ことだけです。

（ジョン・グレン）

John Glenn

アメリカの宇宙飛行士。1959年に宇宙飛行士に選抜された。アメリカ初の7人の宇宙飛行士（マーキュリー・セブン）の一員となり、NASAのマーキュリー計画に従事。アメリカ初の地球周回軌道を飛行した宇宙飛行士となる。マーキュリー・セブンは映画『ライトスタッフ』のモデルになった。

目標をもってそれにむかって努力することは、もちろん大切なことです。でも、人はどの面においてもパーフェクトにいくようなことはありません。それをぼくがもっと小さいころから知っていれば、どれほど楽だったかわかりません。

（鳴沢真也）

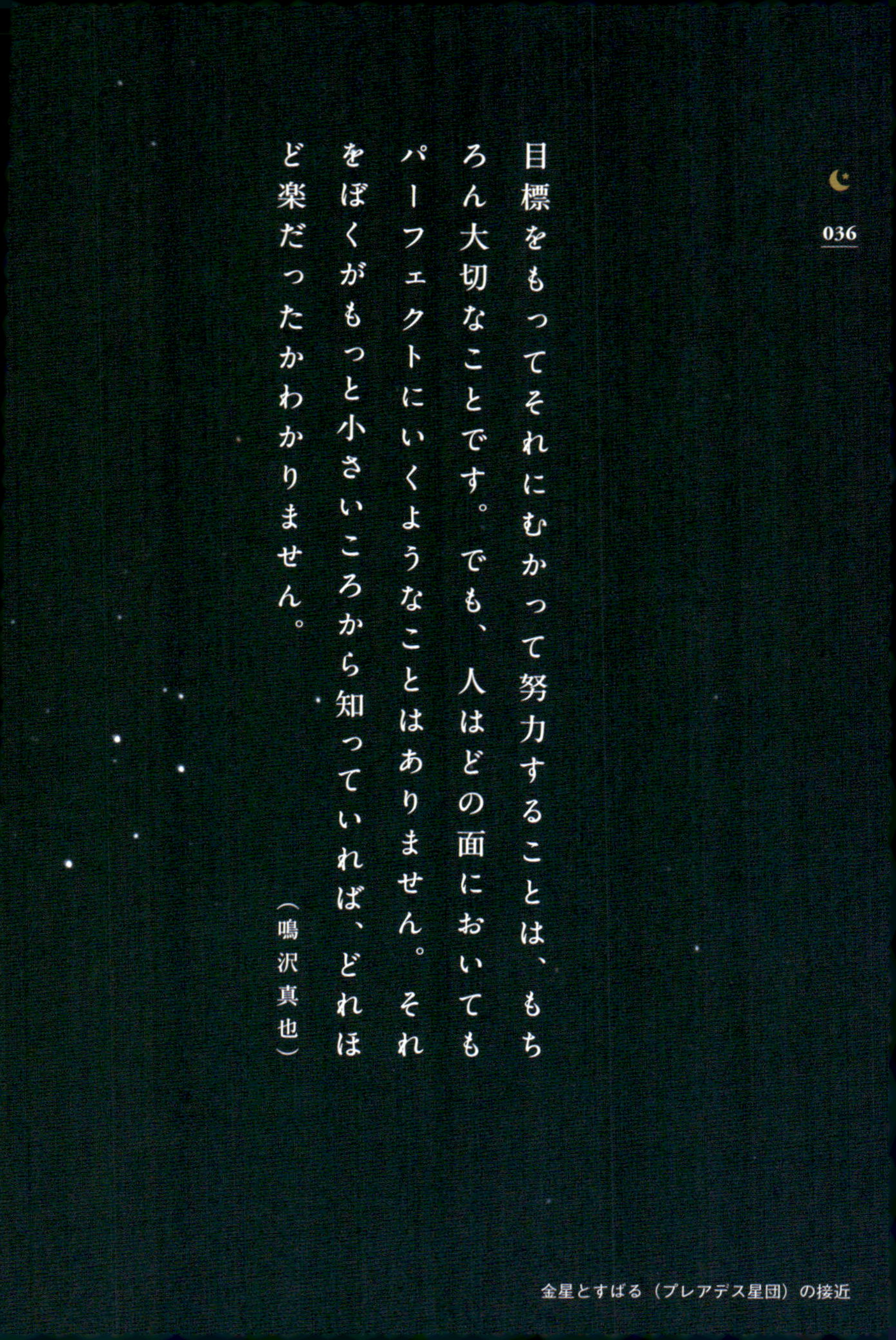

金星とすばる（プレアデス星団）の接近

Shinya Narusawa

天文学者。理学博士。兵庫県立大学西はりま天文台、天文科学専門員。専門は天体物理学。日本では数少ないSETI（地球外知的生命探査）研究者の一人。

学校で教わったことのほとんどを忘れ去り、それでも残ったもの。それが本当の学びだ。

（アルベルト・アインシュタイン）

Albert Einstein

ドイツの理論物理学者。「20世紀最高の物理学者」や「現代物理学の父」などと評され、それまでの物理学の認識を根本から変えるという偉業を成し遂げた。「光量子仮説に基づく光電効果の理論的解明」で1921年のノーベル物理学賞を受賞。

地球と太陽

思えば、世界中のどこから見ても星空だけは共通だ。だから星空には人と人を繫げるための無二の力があるのかもしれない。自分と人、人と人を繫ぐために僕はプラネタリウムを作ったのだ。

（大平貴之）

Takayuki Ohira

プラネタリウム・クリエーター。ギネスワールドレコーズ認定された光学式プラネタリウム「MEGASTAR」シリーズ、世界初の家庭用レンズ式プラネタリウム「HOMESTAR」シリーズ、移動式宇宙体感シアター「SPACE BALL」などの開発者。

042

どんな人でも心臓の鼓動には限りがある。
私は、鼓動の一つたりとも無駄にして生きたくはない。

（ニール・アームストロング）

Neil Armstrong

アメリカの宇宙飛行士、海軍飛行士。最初の宇宙飛行は1966年。ジェミニ8号で機長を務め、アメリカ初の有人宇宙船でのドッキングを行なった。2回目のアポロ11号でも機長を務め、バズ・オルドリン飛行士とともに2時間30分にわたって月面を探索した。両親ともに心臓発作で亡くなっており、本人も心臓に病気を抱えていた。

アンドロメダ銀河

044

世の中には、起こっている出来事を高みから見物する人、起こっている出来事を不思議がっている人……いろんな人がいるものです。でも何かを成し遂げるには、「進んで事を起こす人」であるべきだと思います。

（ジム・ラヴェル）

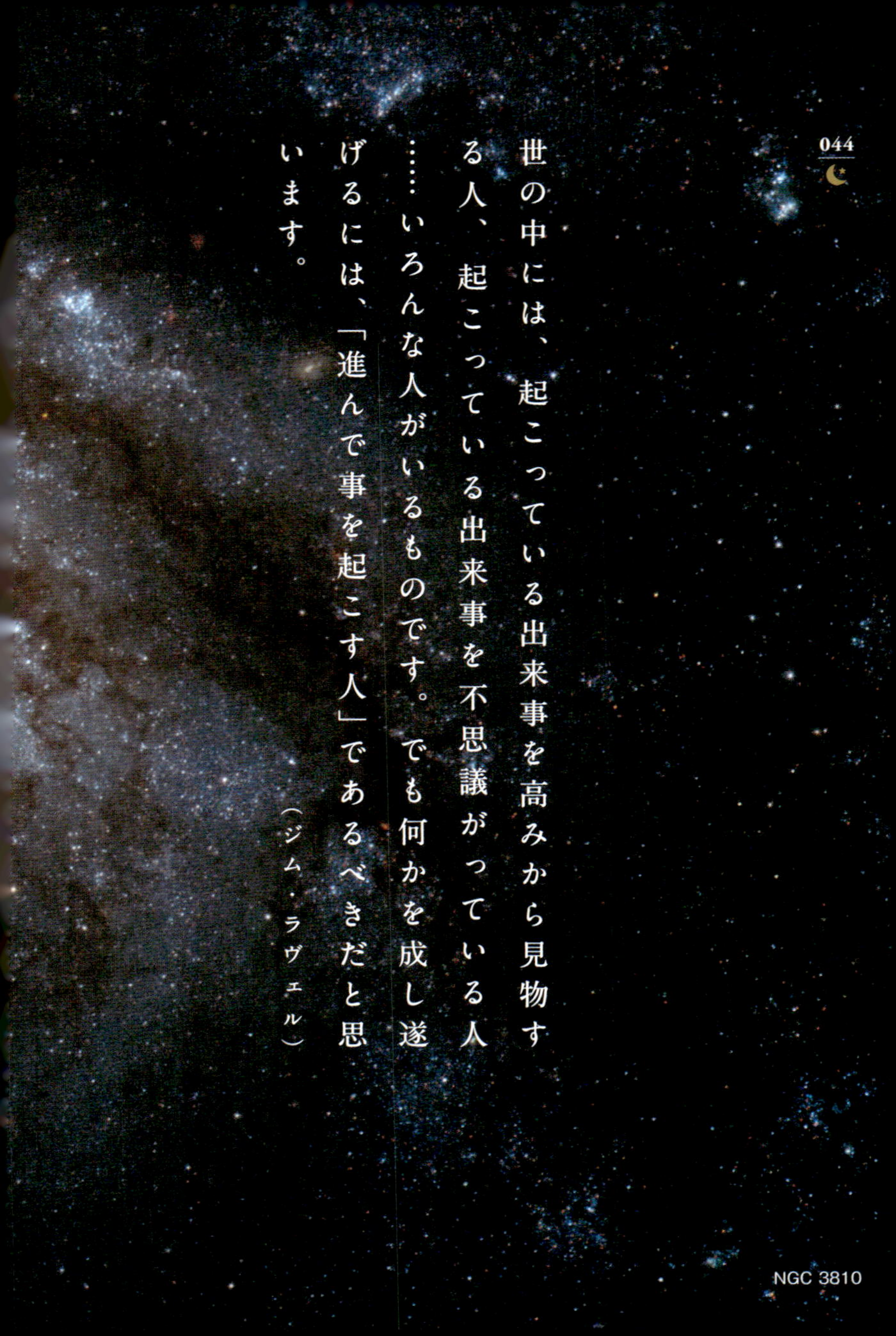

NGC 3810

Jim Lovell

アメリカの宇宙飛行士、海軍軍人。宇宙飛行計画マーキュリー計画に立候補するが、宇宙飛行士の第１期生としては健康診査で落選、第２期生として選ばれた。

足元ばかり見ていないで、星を見上げてごらん。あなたの目に映るものを感じ取り、好奇心を持って、宇宙の神秘に思いを馳せて欲しい。

（スティーヴン・ホーキング）

Stephen Hawking

イギリスの理論物理学者。一般相対性理論と関わる分野で理論的研究を前進させ、1963年にブラックホールの特異点定理を発表し世界的に名を知られた。1971年には「宇宙創成直後に小さなブラックホールが多数発生する」とする理論を提唱、1974年には「ブラックホールは素粒子を放出することによってその勢力を弱め、やがて爆発により消滅する」とする理論（ホーキング放射）を発表、量子宇宙論という分野を形作ることになった。

絶滅危惧種を見たければ簡単だ。立ち上がって鏡を
見ればいいのさ。
（ジョン・ヤング）

John Young

アメリカの宇宙飛行士、海軍大佐。これまでにジェミニ計画で２度、アポロ計画で２度、スペースシャトル計画で２度、計６度宇宙飛行ミッションを行った。ジェミニ宇宙船、アポロ司令・機械船、アポロ有人月着陸、スペースシャトルの４つを経験している唯一の人物。

メキシコ湾上のハリケーン・エラナ

050

アルマ望遠鏡アンテナと金星と天の川

推測して行った5回の観測は、1000回の気ままな観測に匹敵する。

（ウィリアム・ハーシェル）

William Herschel

ドイツ生まれのイギリスの天文学者、音楽家、望遠鏡製作者。天王星の発見や赤外線放射の発見など、天文学における数多くの業績で知られる。

カレンダーに記された予定の通りに生きるのではなく、自分が感じるがままに。その感覚に正直に生きるべきだ。

（ジョン・グレン）

John Glenn

アメリカの宇宙飛行士。1959 年に宇宙飛行士に選抜された。アメリカ初の 7 人の宇宙飛行士（マーキュリー・セブン）の一員となり、NASA のマーキュリー計画に従事。アメリカ初の地球周回軌道を飛行した宇宙飛行士となる。マーキュリー・セブンは映画『ライトスタッフ』のモデルになった。

私たちが確実に知っていることなど何もない。
ほとんどのことは、何となく知っているだけだ。

（クリスチャン・ホイヘンス）

Christiaan Huygens

オランダの数学者、物理学者、天文学者。1655年、自作した口径57mm、焦点距離3.3m、50倍の望遠鏡で土星の衛星タイタンを発見。長さ37mの空気望遠鏡により土星の環の形状を確認。またオリオン大星雲を独立発見してスケッチを残した。

火星の地表と探査車

未来を担う女性たちにとって、こうなりたいというロールモデルになっているとしたら嬉しい。宇宙飛行士には色々な人がいるけれど、すべての宇宙飛行士に共通することは何かと聞かれたら「冷静であること」と答えるわ。

（サリー・ライド）

Sally Ride

アメリカの宇宙飛行士。1983年にスペースシャトル・チャレンジャーで女性としては初のスペースシャトル乗組員に。アメリカ人女性として初の有人宇宙飛行を遂げた。

大マゼラン雲

058

ゴールをするかどうかより、旅をすることそのもの
に意味があるのよ。

（カルパナ・チャウラ）

Kalpana Chawla

インド系アメリカ人宇宙飛行士。スペースシャトルのミッションスペシャリスト(搭乗運用技術者)。スペースシャトル・コロンビアの事故（コロンビア号空中分解事故）により死亡した7人の飛行士のうちの一人。

バラのような銀河。Arp 273

ビジネスの世界で働いている方々も、自分の仕事の出来／不出来には会社の存続がかかっています。家族の生活がかかっています。常にプレッシャーの中で仕事をしているのは、宇宙飛行士に限ったことではありません。

（山口孝夫）

Takao Yamaguchi

JAXA 有人宇宙環境利用ミッション本部 有人宇宙技術部グループ長として宇宙飛行士選抜試験の基準作りにかかわった。伸びる人を見極めるポイントはという問いに「未知のことを面白がることができる人、失敗を恐れない人」と答えている。

わからないから恐怖する。(中略)だから恐怖には正しく向き合うことが重要だ。

(若田光一)

Koichi Wakata

宇宙飛行士。4度宇宙へ。ロシア連邦宇宙局のソユーズの第39次長期滞在では日本人初のISSコマンダー(司令官)を務めた。

宇宙飛行士たちが共有しているのは、性別でも民族的な背景でもなく、モチベーションや忍耐力、未知なることを知る旅のチームに参加したいという欲求です。

（エレン・オチョア）

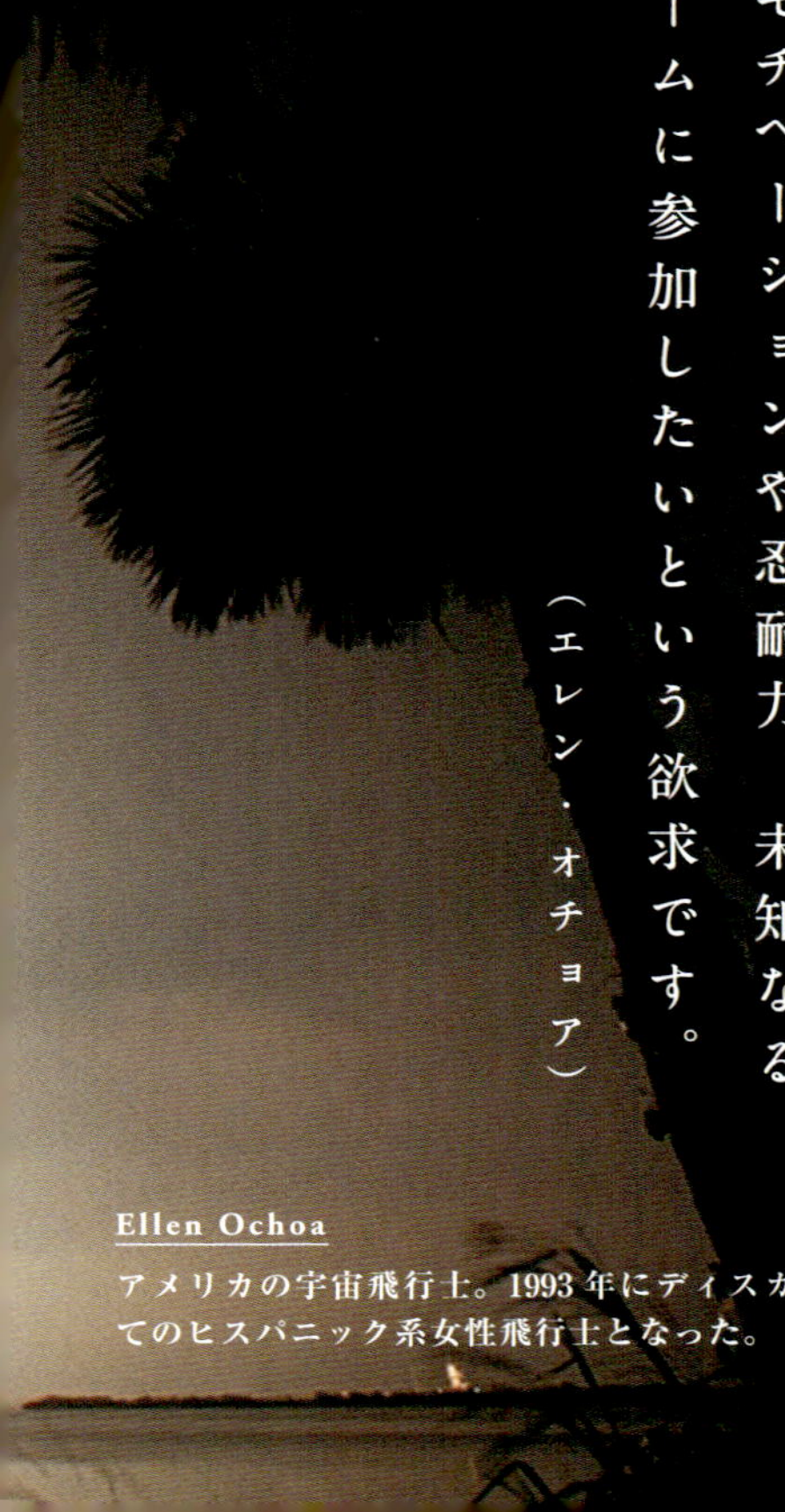

Ellen Ochoa

アメリカの宇宙飛行士。1993年にディスカバリーに乗船。宇宙を訪れた初めてのヒスパニック系女性飛行士となった。

スペースシャトル・アトランティスの離陸

わたしが人より遠くを見ることができたのは、巨人の肩に乗っていたからだ。わたしは、海辺で遊ぶ子どものように、なめらかな小石やきれいな貝殻を見つけて喜んでいるが、その目の前には未知なる大海が広がっているのだ。

（アイザック・ニュートン）

Isaac Newton

イギリスの数学者、物理学者、天文学者、神学者。おもな業績としてニュートン力学の確立や微積分法の発見がある。

太平洋上の雲

夢が叶うまでの長くて遠い道のりも、自然が奏でる
音に耳を傾ければ、トレッキングのように楽しいもの
になる。

（カルパナ・チャウラ）

Kalpana Chawla

インド系アメリカ人宇宙飛行士。スペースシャトルのミッションスペシャリスト（搭乗運用技術者）。スペースシャトル・コロンビアの事故（コロンビア号空中分解事故）により死亡した7人の飛行士のうちの一人。

歓喜は自然を動かす強いバネ、
歓びこそは大宇宙の時計仕掛け
の車を回すもの。

（フリードリヒ・フォン・シラー）

Friedrich von Schiller

ドイツの詩人、歴史学者、劇作家、思想家。ゲーテと並ぶドイツ古典主義の代表者。劇作家として有名だが、ベートーヴェンの交響曲第９番「合唱付き」の原詞で最もよく知られるようになった。

ワークライフバランス。仕事と私生活のバランスをとることは、どこにいても大切なこと。地球でも、そして宇宙でも。

（スコット・ケリー）

Scott Kelly

アメリカの宇宙飛行士、海軍の軍人。双子の兄弟のマーク・E・ケリーもNASAの宇宙飛行士である。

アタカマにかかる天の川

074

自分たちが知っていることを知っているとみとめ、知らないことを知らないとみとめること。それこそが真の知識というものだ。

（ニコラウス・コペルニクス）

Nicolaus Copernicus

ポーランド出身の天文学者、カトリック司祭。その時代主流だった地球中心説（天動説）を覆す太陽中心説（地動説）を唱え続け、天文学史上最も重要な発見とされた。

木星

大切なことというのは常にシンプルで、いつの時代も変わらないもの。

（若田光一）

Koichi Wakata

宇宙飛行士。4度宇宙へ。「宇宙開発の現場ではリーダーシップと同等、もしくはそれ以上に『フォロワーシップ』が重要視されている」と語る。

星の軌跡

星座という物語

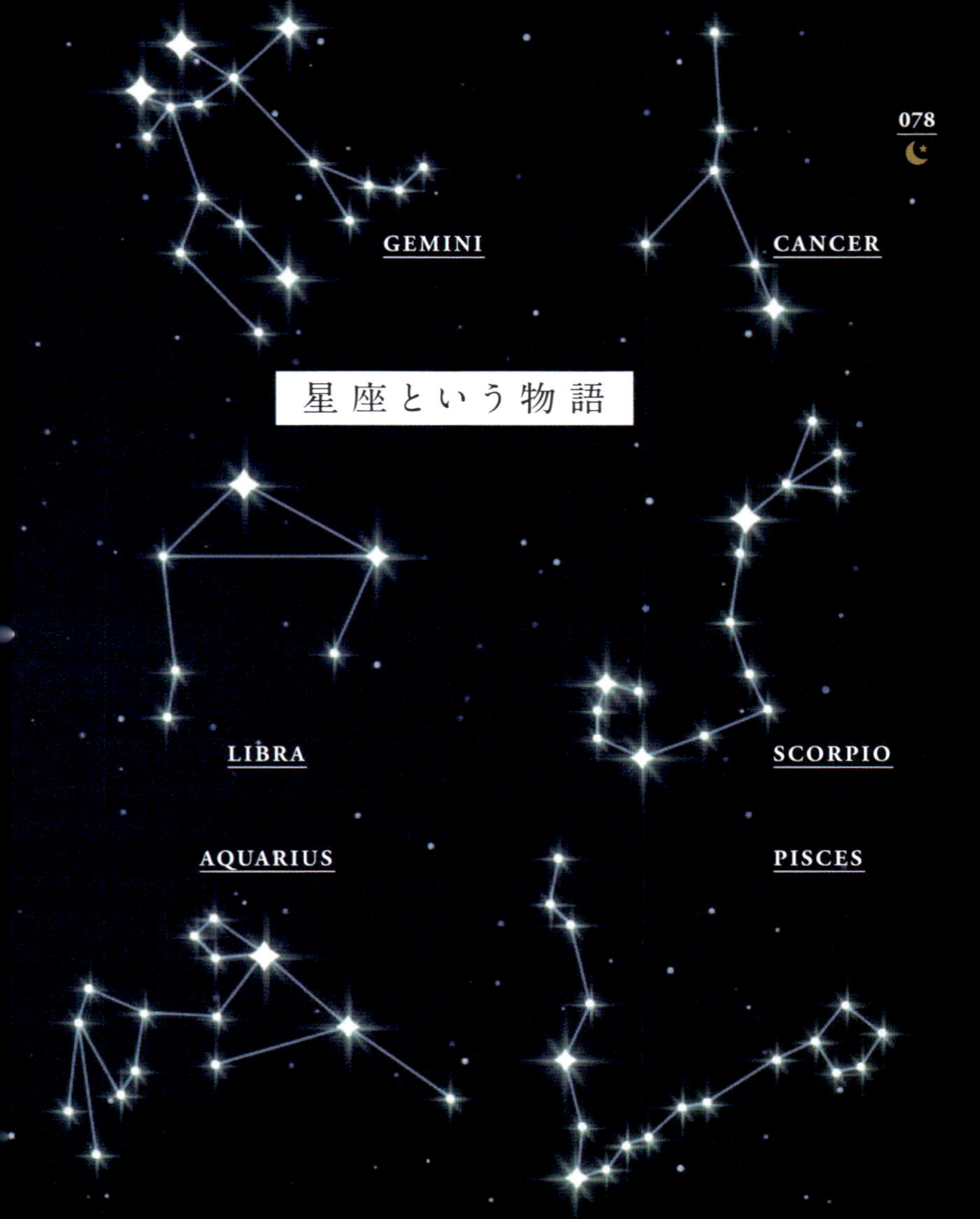

在は国際天文学連合（IAU）が88の星座を定めている。
12星座は星占いでおなじみ。
太古から、人と星は星座という物語でつながっている。

星座は今から約5000万年前にメソポタミア地方（現イラク付近）の羊飼いたちが、星空に動物や英雄たちの姿を描いたのが始まりといわれている。
いろいろな形に見えるため、時代や地域によって様々な名が付けられたが、現

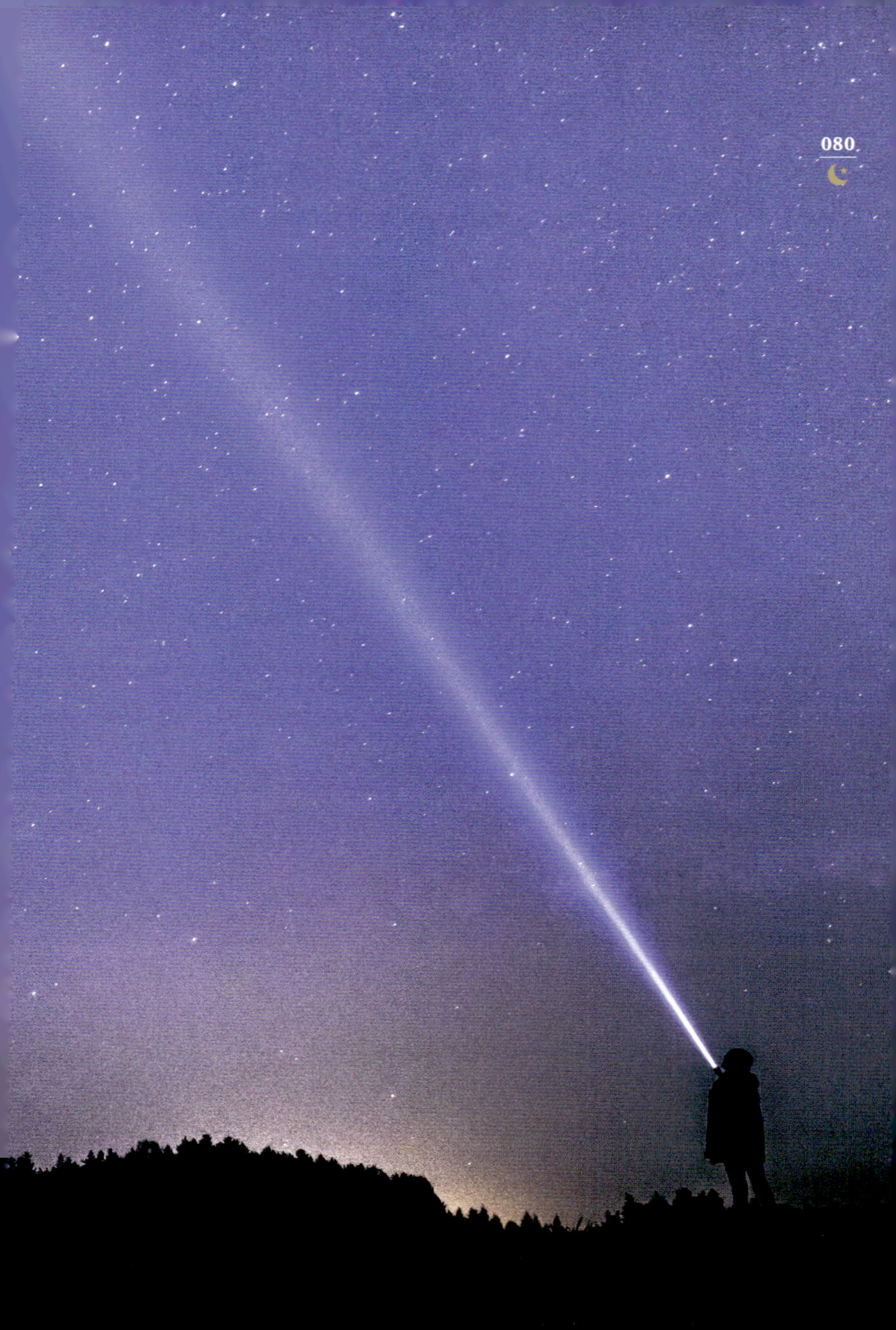

2
section

大きな宙に包まれる

宇宙の静寂。それは地球上で出会ったことのない
静けさだった。あまりに大きく、底知れぬ深さを
持つ静寂だった。

（アレクセイ・レオーノフ）

Alexei Leonov

ソビエト連邦の軍人、宇宙飛行士。1960年にユーリイ・ガガーリンらとともに最初の宇宙飛行士として空軍から選抜された20人のうちの一人。1965年に世界で初めて宇宙遊泳を行った。

WHITE BUFFALO
HOME
GUEST
DOWN
TO GO
BALL ON
QTR

この地球でもまた宇宙でも、そこで誕生した人々や星々が死ぬことは避けられません。しかしそれは決して物事の終わりではなく、むしろさらなる次世代の誕生にとっては不可欠な始まりに他なりません。

（須藤 靖）

Yasushi Suto

宇宙物理学者。専門は宇宙論・太陽系外惑星の理論的および観測的研究。

宇宙から眺めた地球は、たとえようもなく美しかった。国境の傷跡などは、どこにも見当たらなかった。

（ムハンマド・ファーリス）

Muhammed Faris

シリアの宇宙飛行士、軍人、飛行士。1985年に宇宙飛行士候補に選抜され、ガガーリン宇宙飛行士訓練センターで訓練に入る。「ソユーズTM-3」に搭乗し、宇宙ステーション「ミール」とドッキング。「ソユーズTM-2」で地球に帰還した時のこの発言の直後、ソビエト連邦英雄の称号とレーニン勲章が授与された。

国際宇宙ステーションから撮影した地球

僕は宇宙にいるとき、「ここなら永遠に飛び続けることだってできる」とさえ思えた。

（ユーリイ・ガガーリン）

Yurii Gagarin

ソビエト連邦の宇宙飛行士、軍人、パイロット。1961年、世界初の有人宇宙飛行としてボストーク1号に単身搭乗した人物。

宇宙は10^{27}メートル、素粒子は10^{-35}メートル。この途方もないスケールが、私たちが存在する自然界の「幅」ということになります。

（村山　斉）

Hitoshi Murayama

物理学者。専門は素粒子理論。東京大学カブリ数物連携宇宙研究機構初代機構長。リニアコライダー・コラボレーション副ディレクター。主な研究分野は超対称性理論、ニュートリノなど。

M54

092

なぜ宇宙が存在し、今なおそこにあるのか。私が知りたかった答えはシンプルだ。

（スティーヴン・ホーキング）

Stephen Hawking

イギリスの理論物理学者。一般相対性理論と関わる分野で理論的研究を前進させ、1963年にブラックホールの特異点定理を発表し世界的に名を知られた。このことばは、ホーキングの葬儀の招待状に記されたもの。

巨大な若い星からの風と放射によって膨張した気泡で満たされたガスと塵の雲

宇宙は世界中のどの人からも、たった80マイルのところにあるというわけだ。多くの人にとって、首都より近い。

（ダニエル・デュードニー）

Daniel Deudney

アメリカの政治学者。専門は、国際関係論、地政学、環境安全保障論。1970年代はジョン・ダーキン上院議員の政策秘書としてエネルギー環境問題の法案作成にかかわった。

私は３度地球を離れたが、他に行くところは見つけられなかった。どうか宇宙船地球号を慈しんで欲しい。

（ウォルター・シラー）

Walter Schirra

アメリカ最初の宇宙飛行士の一人。マーキュリー計画、ジェミニ計画、アポロ計画のすべてで地球周回軌道以上の宇宙飛行を経験。

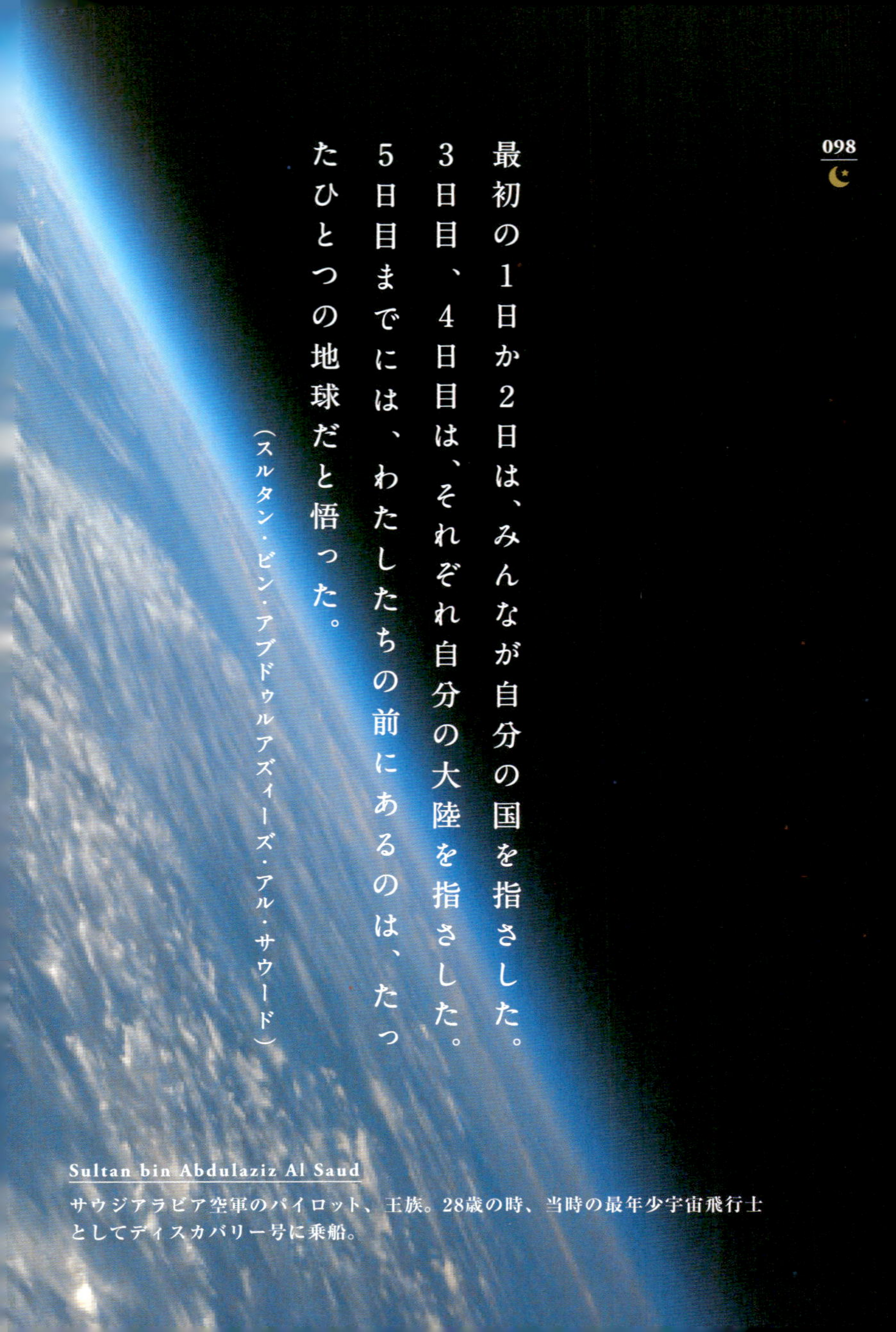

最初の１日か２日は、みんなが自分の国を指さした。
３日目、４日目は、それぞれ自分の大陸を指さした。
５日目までには、わたしたちの前にあるのは、たったひとつの地球だと悟った。

（スルタン・ビン・アブドゥルアズィーズ・アル・サウード）

Sultan bin Abdulaziz Al Saud

サウジアラビア空軍のパイロット、王族。28歳の時、当時の最年少宇宙飛行士としてディスカバリー号に乗船。

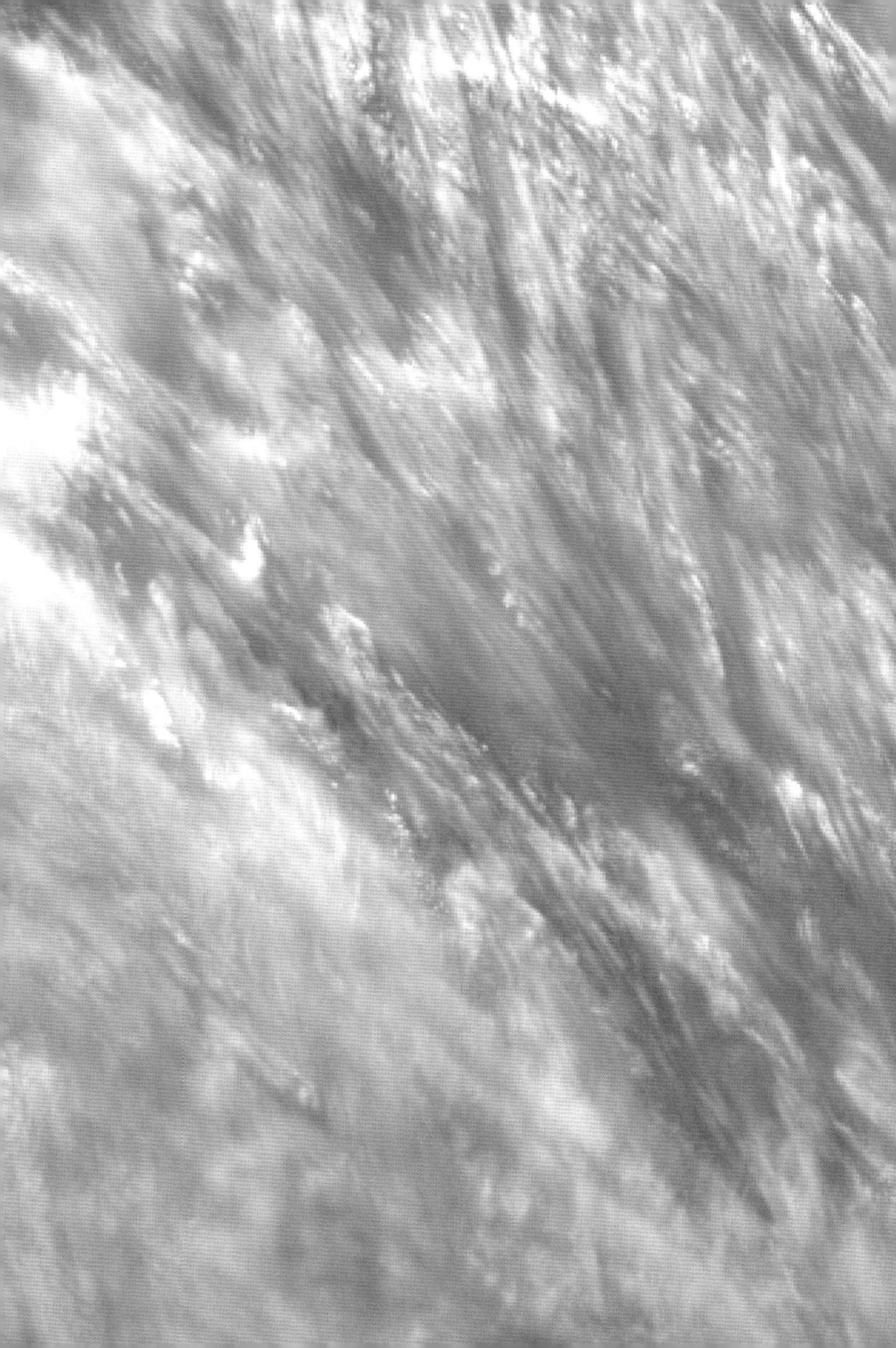

宇宙はいまだ恐れや憎しみや貪欲や偏見で汚されていない。

（ジョン・グレン）

John Glenn

アメリカの宇宙飛行士。アメリカ初の地球周回軌道を飛行し、77歳の時、ディスカバリー号で宇宙飛行の最年長記録を達成した。

きらめく古代の球状星団 NGC 3201

102

哲学は、われわれの目の前に拡げられている宇宙という名の壮大な書物に書かれている。

（ガリレオ・ガリレイ）

Galileo Galilei

イタリアの物理学者、天文学者、哲学者。ロジャー・ベーコンとともに科学的手法の開拓者の一人として知られており、その業績から天文学の父と称された。

アルマ望遠鏡による観測結果をもとに描かれた、131億光年彼方の合体銀河 B14-65666の想像図

月で親指を立てると、親指の中に地球が隠れる。今までに知り得たことなどすっぽりと親指サイズにおさまってしまうのだ。我々はなんと小さな存在だろう。

（ジム・ラヴェル）

Jim Lovell

アメリカの宇宙飛行士、海軍軍人。ジェミニ計画、アポロ計画でそれぞれ２度の宇宙飛行を経験。ただし、月面着陸が予定されていたアポロ13号では、事故が起きたため断念。

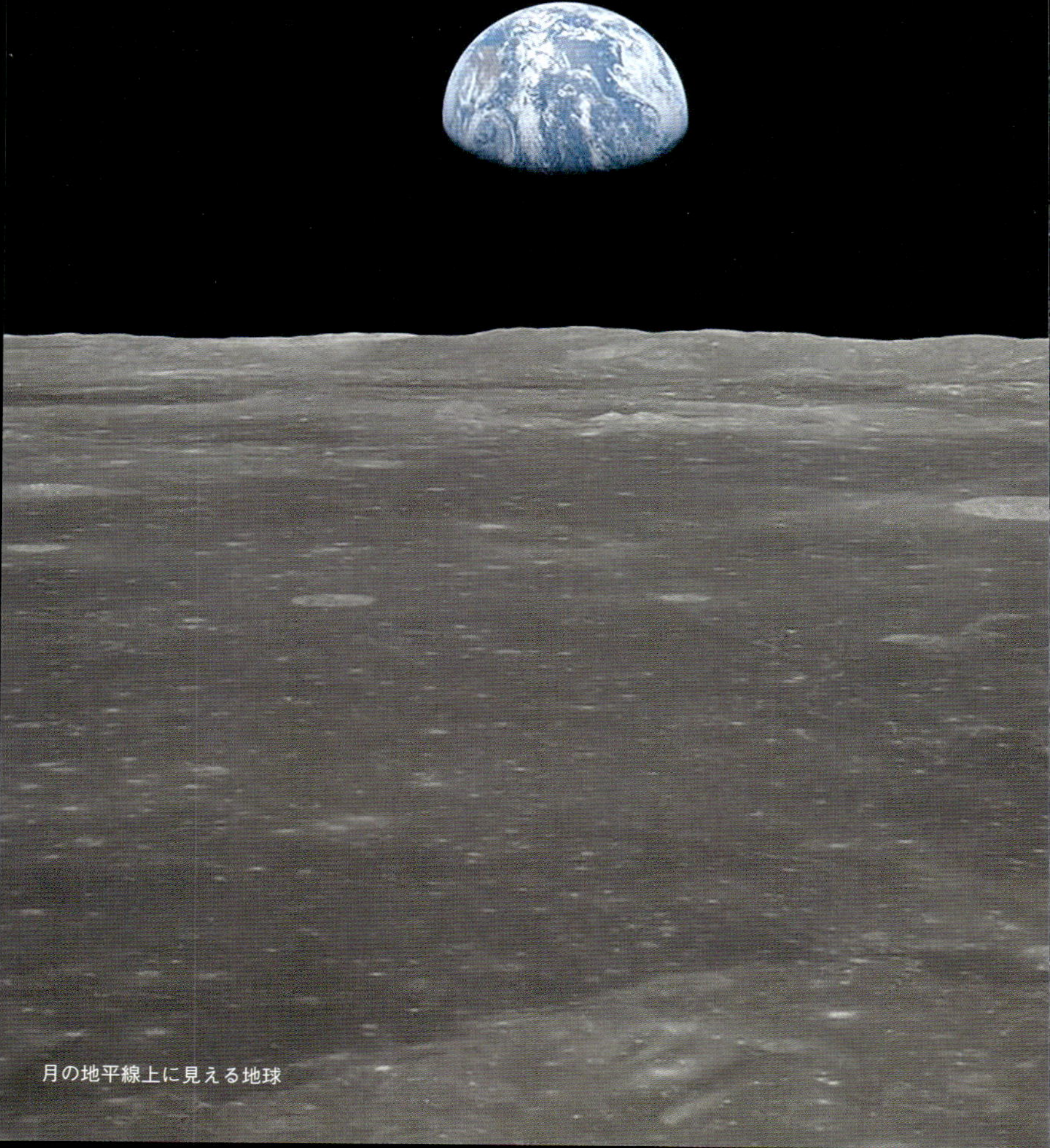

月の地平線上に見える地球

歓びは人生の要素であり、人生の欲求であり、人生の力であり、人生の価値である。

（ヨハネス・ケプラー）

Johannes Kepler

ドイツの天文学者。惑星の運動に関する「ケプラーの法則」を発見した。

月での任務より大きな課題。それは、自分の人生を
どう生き、この世界でどんな行いができるかだ。
（アルフレッド・ウォーデン）

Alfred Worden

アメリカの宇宙飛行士。アポロ15号の司令船「エンデバー」の操縦士として、月上空を周回しながら、飛行の最終段階ではアポロ計画で初となる小型衛星の放出を行った。

オーロラと街の明かり

嬉しかったのは、宇宙には調和があり、創造の力があることを感じた時だ。悲しかったのは、人間がそれを知りながら、それに反することをしているのに気づいた時だ。

（エドガー・ミッチェル）

Edgar Mitchell

アメリカ宇宙飛行士、パイロット、工学者。アポロ14号のアポロ月着陸船のパイロットとして9時間を月で過ごし、月面を歩いた6番目の人類となった。

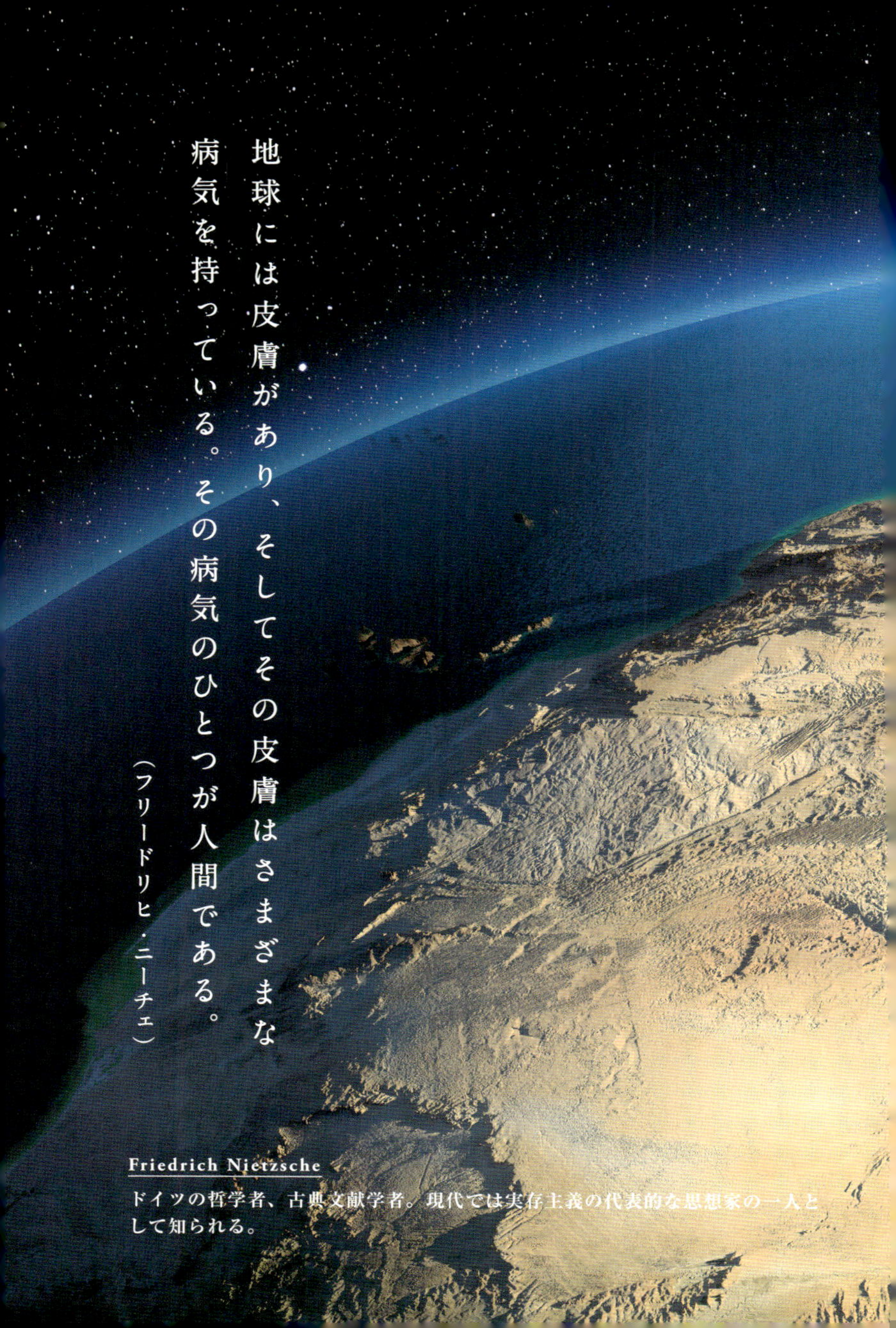

地球には皮膚があり、そしてその皮膚はさまざまな病気を持っている。その病気のひとつが人間である。

（フリードリヒ・ニーチェ）

Friedrich Nietzsche

ドイツの哲学者、古典文献学者。現代では実存主義の代表的な思想家の一人として知られる。

114

地球と月

これは一人の人間にとっては小さな一歩だが、
人類にとっては偉大な飛躍である。
（ニール・アームストロング）

Neil Armstrong

アメリカの宇宙飛行士、海軍飛行士。最初の宇宙飛行は1966年。ジェミニ８号で機長を務め、アメリカ初の有人宇宙船でのドッキングを行なった。２回目のアポロ11号でも機長を務め、バズ・オルドリン飛行士とともに２時間30分にわたって月面を探索した。人類で初めて月面に降り立った人物として世界中に知られている。

もし自分たちは〈絶対的な真実〉に到達したと思いこんでしまったら、私たちは探ることをやめ、発展することもなくなるでしょう。

（ジョスリン・ベル・バーネル）

国際宇宙ステーションから撮影したオーロラ

Jocelyn Bell Burnell

イギリスの女性天体物理学者。断続的に光線を発する星、パルサーを発見した。

なぜ、私たちがここにいるのか、今わかった。
それは月を探索するためではない。振り返って、
私たちの住み処である地球を見るためなのだ。

（アルフレッド・ウォーデン）

Alfred Worden

アメリカの宇宙飛行士。アポロ15号の司令船「エンデバー」の操縦士として、月上空を周回しながら、機械船の科学機器搭載区画に収納されているパノラマカメラ、ガンマ線分光計、地図作成用写真機、レーザー高度計、質量分析器などを使用して月の表面とその環境に関する詳細な探査をした。

国際宇宙ステーション（ISS）

「知性」とは、どんな変化にも適応できるように
授かった能力のこと。

（スティーヴン・ホーキング）

Stephen Hawking

イギリスの理論物理学者。一般相対性理論と関わる分野で理論的研究を前進させ、1963年にブラックホールの特異点定理を発表し世界的に名を知られた。一般の人に現代の理論的宇宙論をわかりやすく解説するサイエンスライターとしての顔も持ち合わせていた。

愛する人に会えない宇宙ステーションでの1年は長かった。でも、地球への帰還を心待ちにしていたはずなのに、宇宙を離れる時は、なぜかほろ苦く切ない気持ちになった。まるで双子の片割れをなくすみたいに。

（スコット・ケリー）

Scott Kelly

アメリカの宇宙飛行士。幼少時に注意欠陥障害（ADD)、多動性障害(ADHD)と診断され、高校卒業まで注意散漫な劣等生であったことを自らの著書で告白。2015年3月から1年間国際宇宙ステーションに滞在。双子の兄弟で、同じく宇宙飛行士のマーク・ケリーは地球に残り、同じ遺伝子情報を持つ二人の体の変化の違いを調べる実験に協力した。

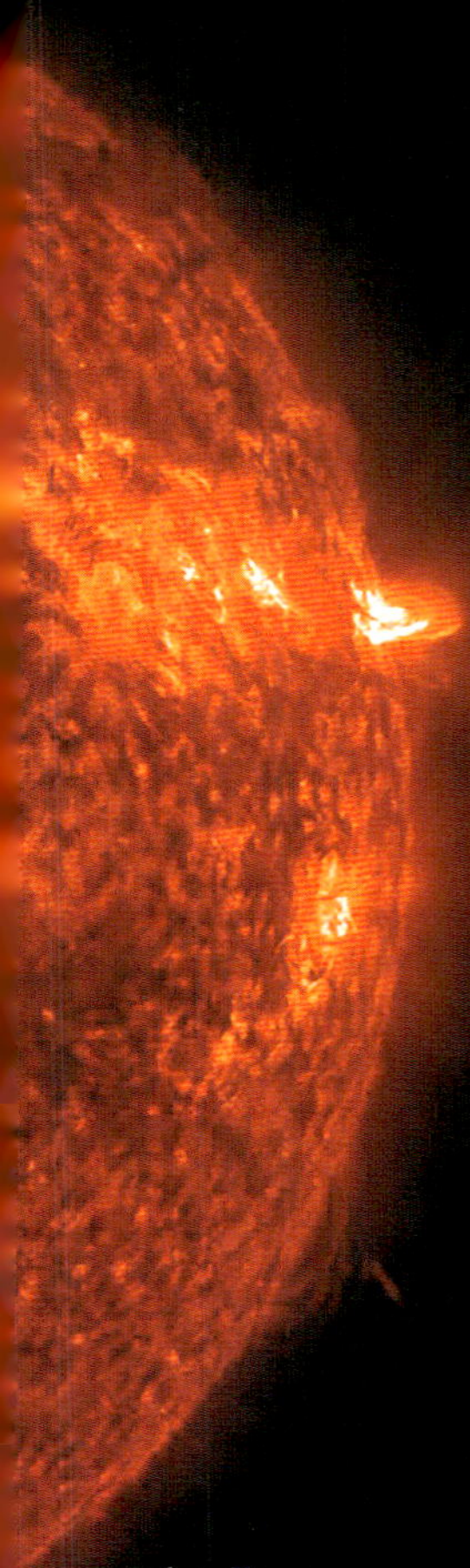

進歩の最大の敵は知識という名の幻想です。

（ジョン・ヤング）

John Young

アメリカの宇宙飛行士、海軍大佐。これまでにジェミニ計画で２度、アポロ計画で２度、スペースシャトル計画で２度、計６度宇宙飛行ミッションを行った。ジェミニ宇宙船、アポロ司令・機械船、アポロ有人月着陸、スペースシャトルの4つを経験している唯一の人物。

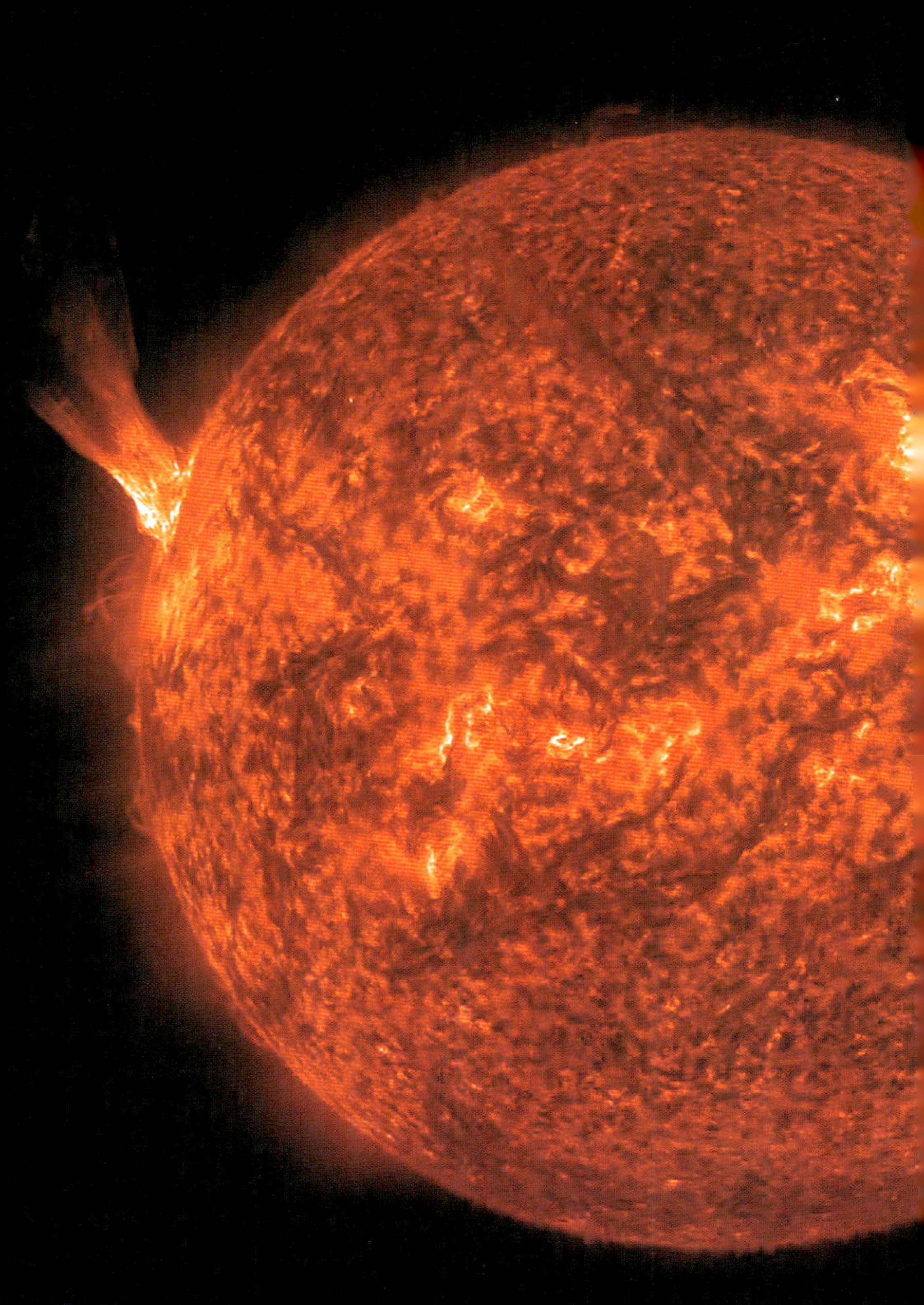

太陽の噴火

鳥だって片方の翼だけだとうまく飛べないでしょ。宇宙飛行だって同じ。女性の積極的な参画なしに発展することはできないと思うの。

（ワレンチナ・テレシコワ）

Valentina Tereshkova

ソビエト連邦の宇宙飛行士。1963年にボストーク6号に搭乗し、女性として世界初の宇宙飛行を行った。個人識別用のコールサインは「チャイカ（カモメ）」。打上げ後の「こちら、カモメ」という応答が女性宇宙飛行士の宇宙で発した最初の言葉となり、日本ではチェーホフの『かもめ』と結びつけて「私はカモメ」と紹介された。

宇宙から地球を見た者にとって、またこれから見る何百、何千という人々にとって、その体験はものの見方を根底から変えてしまうものだ。

（ドナルド・ウィリアムズ）

Donald Williams

アメリカの宇宙飛行士。スペースシャトル・ディスカバリー、アトランティスに搭乗した。

都会の人間が美しい星空を見られなくなったのは、わずかここ数十年のことだ。けれども僕らの遺伝子は、たかが数十年で変わることはない。美しい星空をしっかり覚えている。だから自然と、星空を求めるのだ。

（大平貴之）

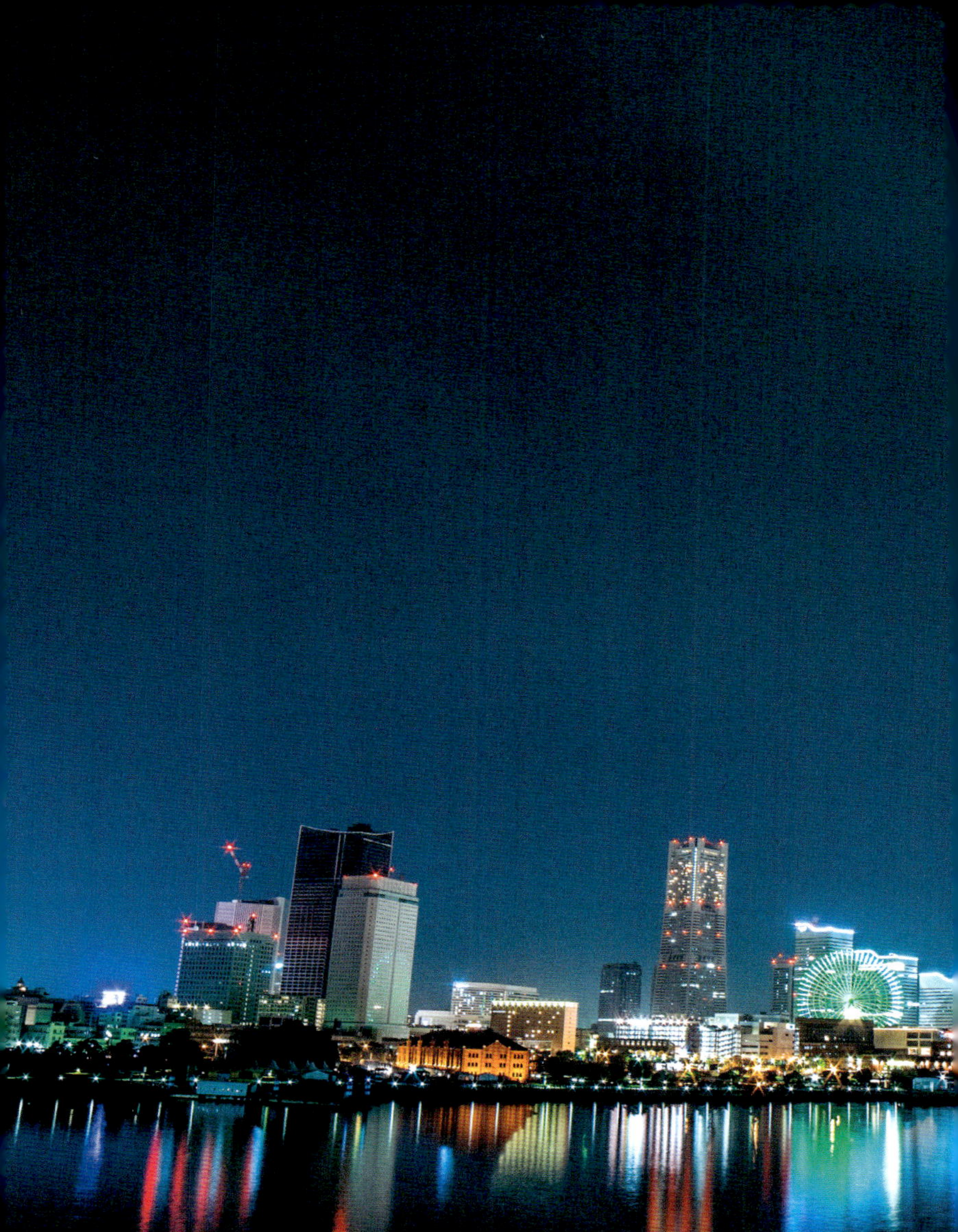

Takayuki Ohira

プラネタリウム・クリエーター。ドーム球場に投影可能な「GIGANIUM」を開発。メットライフドームで実証実験を成功させ、2018年に発表した。

地球を振り返れば、北極から南極まで海洋も大陸も地球の自転も見える。天空から吊り下げている糸などないのに、想像を絶する暗黒の中に浮かんで動いている。

（ユージン・サーナン）

Eugene Cernan

アメリカの宇宙飛行士、海軍軍人。ジェミニ9-A号の副操縦士、アポロ10号の月着陸船のパイロット、アポロ17号の船長として、３度の宇宙飛行を経験。アポロ17号はアポロ計画最後の航行だったため、「月面着陸した最後の人類」として世に知られることに。

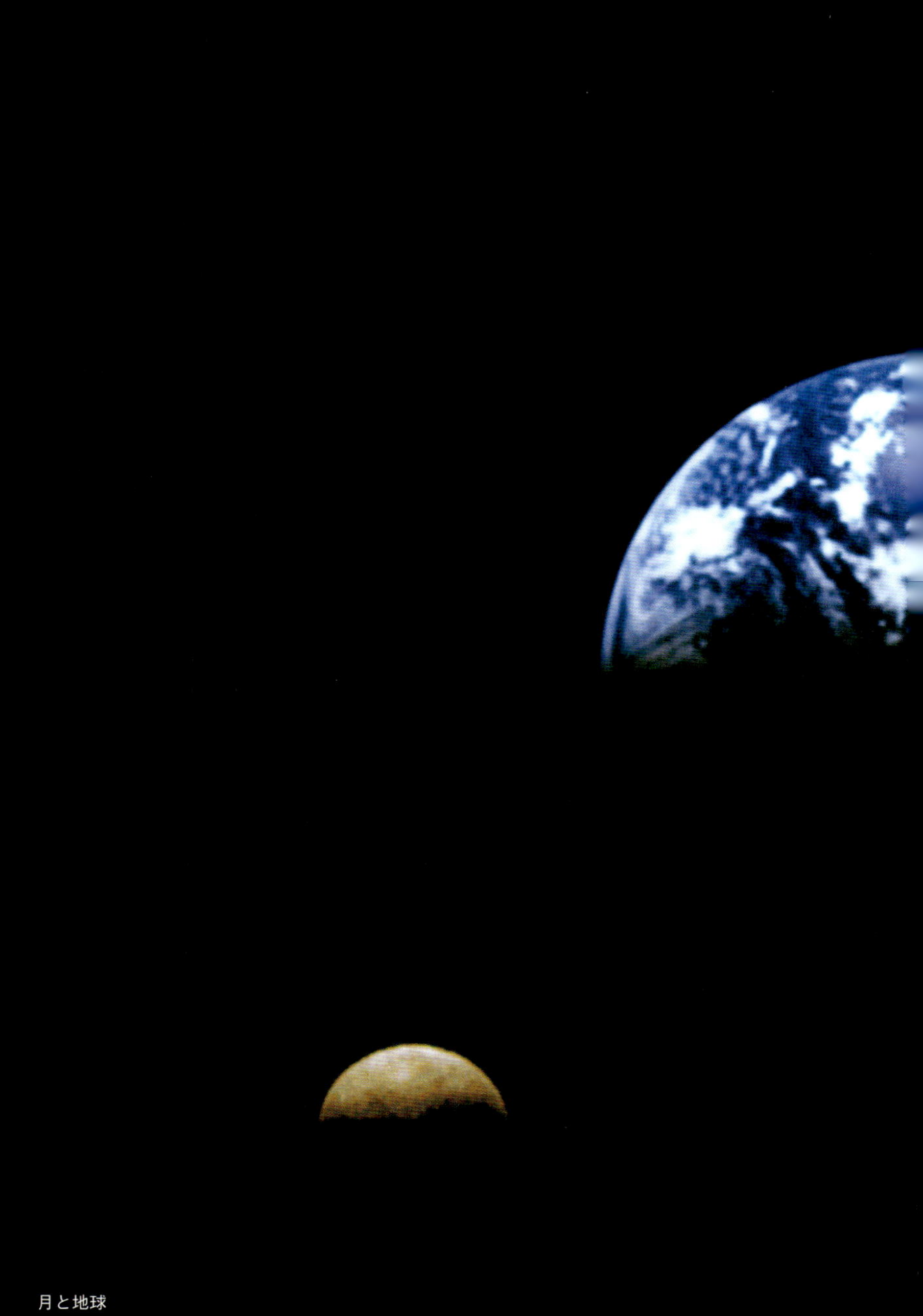

月と地球

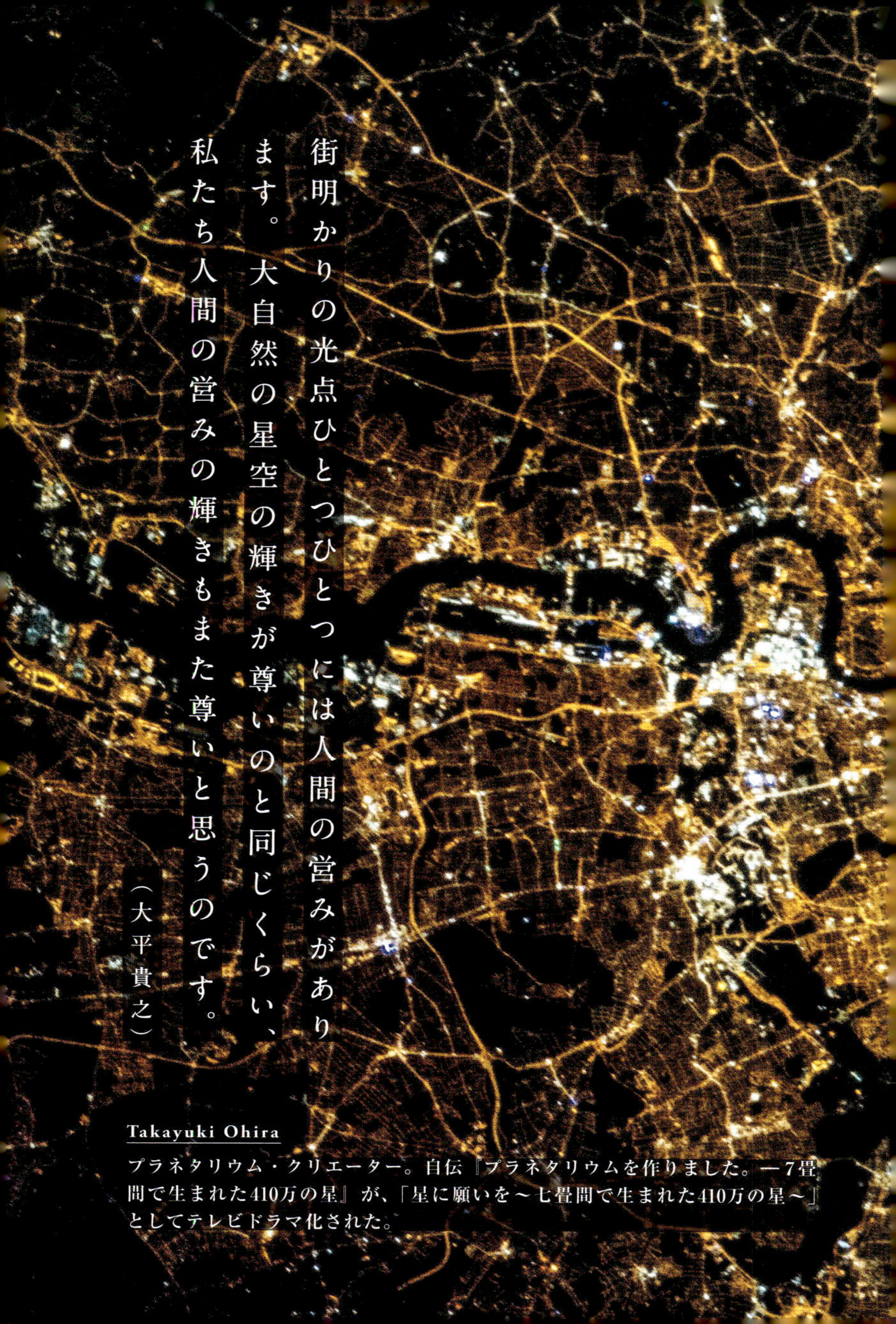

街明かりの光点ひとつひとつには人間の営みがあります。大自然の星空の輝きが尊いのと同じくらい、私たち人間の営みの輝きもまた尊いと思うのです。

（大平貴之）

Takayuki Ohira

プラネタリウム・クリエーター。自伝『プラネタリウムを作りました。―7畳間で生まれた410万の星』が、「星に願いを～七畳間で生まれた410万の星～」としてテレビドラマ化された。

「宇宙と一体になっている」と感じること。
それが宇宙に出て最も素晴らしい体験だった。
（メイ・ジェミソン）

Mae Jemison

アメリカの宇宙飛行士。1992年にスペースシャトル・エンデバーで宇宙を訪れ、宇宙飛行を行った初めてのアフリカ系アメリカ人女性となった。『スタートレック』でウフーラを演じたアフリカ系アメリカ人の女優ニシェル・ニコルズに触発され、宇宙飛行士を目指した。

THE FIRST QUARTER
上弦の月
A HALF MOON
A GIBBOUS MOON
A FULL MOON
満月
THE LAST QUARTER
下弦の月

月の満ち欠け

太陽に照らされることで輝く月。月の満ち欠けは太陽との位置関係で決まる。太陽と同じ方向にあるときは新月、反対方向にあるときは満月。
新月から始まり、三日月、半月、満月となり、その後はだんだん欠けていって新月に戻る。その周期は約 29.5 日。月は地球とほぼ同じころに誕生したと考えられている。
約 46 億年前から満ち欠けは続いている。

SATURN
土星

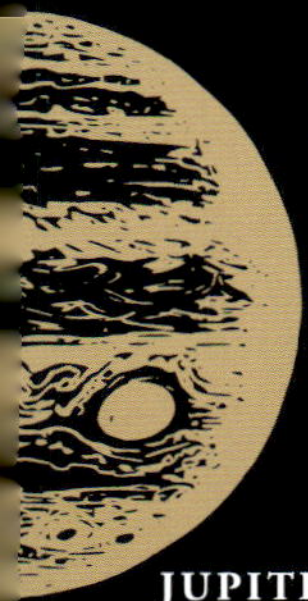

JUPITER
木星

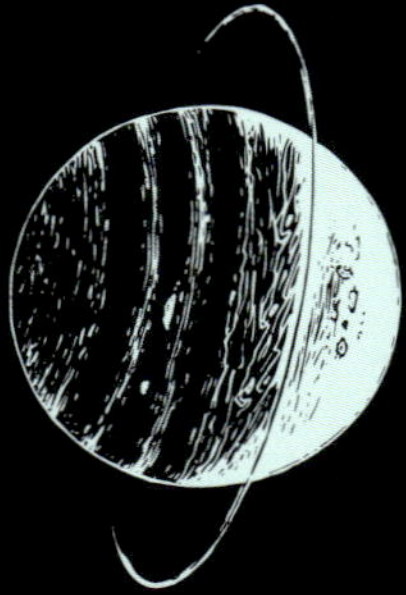

URANUS
天王星

NEPTUNE
海王星

大きな宇宙

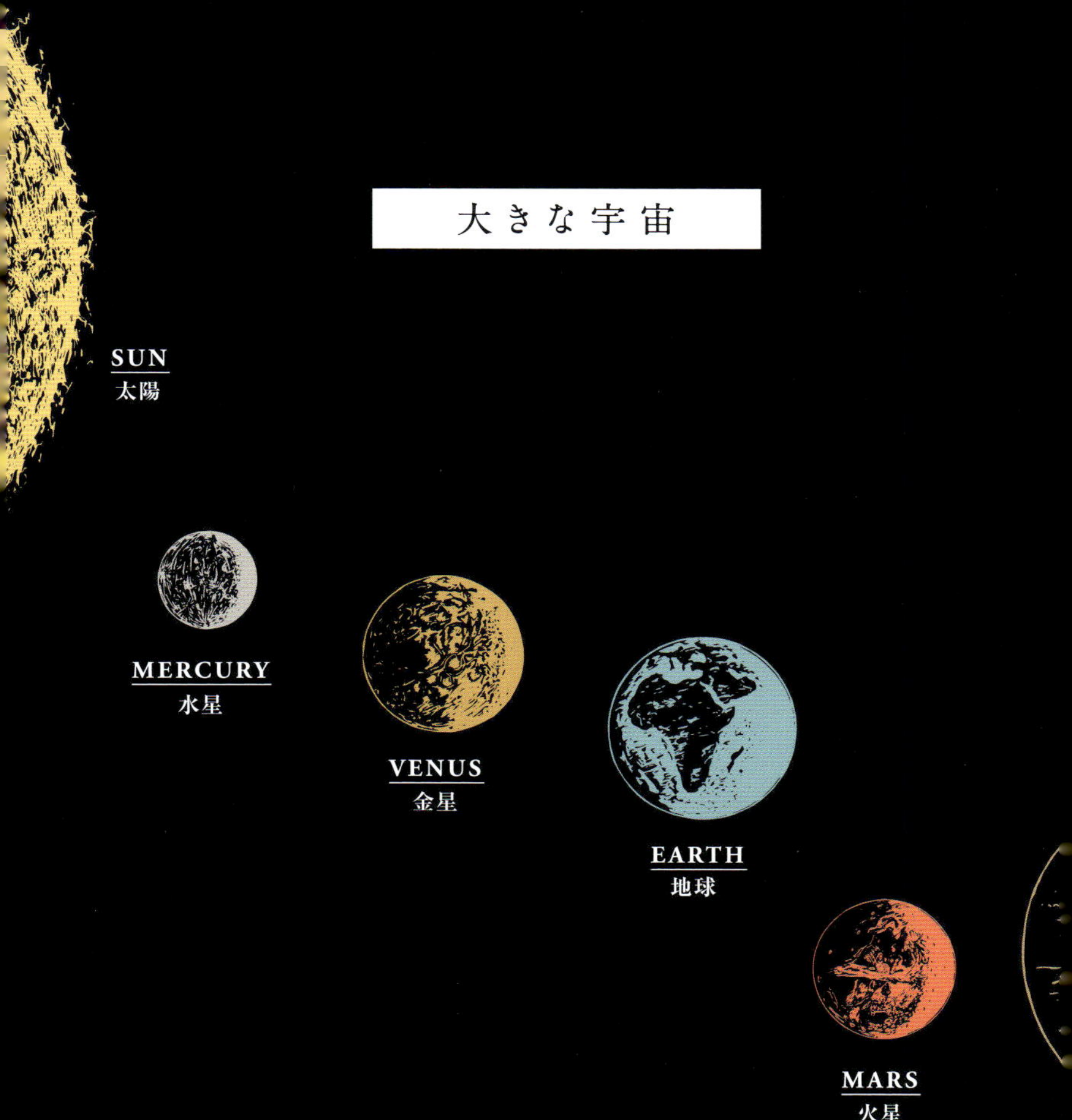

およそ138億年前に誕生したといわれている宇宙。太陽系が形成されたのは約46億年前、地球に新人類が誕生したのが約20万年前。
宇宙には2兆以上の銀河が存在すると考えられている。私たちがいる地球がある太陽系はその中の小さな銀河の一つ。
宇宙のスケールはとてつもなく大きい。

Picture source list 画像出典一覧

Cover：pixabay
pp.004-005：Adobe Stock
p.007：Adobe Stock
pp.008-009：pixabay
p.011：ESA/Hubble and NASA, P. Dobbie et al.
pp.012-013：©国立天文台
pp.014-015：NASA/Bill Ingalls
p.017：NASA/ESA and the Hubble Heritage Team (AURA/STScI)
p.019：NASA
pp.020-021：NASA/ESA. Acknowledgement: Josh Lake
pp.022-023：pixabay
p.025：NASA/Terry Zaperach
pp.026-027：NASA
p.029：NASA/Carla Cioffi
p.031：NASA/JPL-Caltech
pp.032-033：pixabay
pp.034-035：NASA/Bill Ingalls
pp.036-037：撮影：福島英雄
pp.038-039：NASA
p.041：MEGASTAR-Ⅲ by Ohira Tech
p.043：NASA/JPL/California Institute of Technology
pp.044-045：ESA/Hubble and NASA
pp.046-047：pixabay
pp.048-049：NASA
pp.050-051：©国立天文台 撮影：平松正顕
p.053：NASA
p.055：NASA/JPL
p.057：NASA/ESA
p.059：NASA/ESA and the Hubble Heritage Team (STScI/AURA)
p.061：pixabay
p.063：NASA
pp.064-065：NASA
p.067：NASA
pp.068-069：pixabay
pp.070-071：Adobe Stock
pp.072-073：Teruomi Tsuno/NAOJ
pp.074-075：NASA/JPL-Caltech/SwRI/MSSS/Kevin M. Gill
p.077：©国立天文台
pp.080-081：pixabay
p.083：NASA/JPL-Caltech/2MASS/SSI/University of Wisconsin
pp.084-085：NASA/Aubrey Gemignani
p.087：NASA
pp.088-089：NASA
p.091：ESA/Hubble and NASA
p.093：NASA/JPL-Caltech
pp.094-095：pixabay
p.097：pixabay
pp.098-099：NASA/JPL/UCSD/JSC
p.101：ESA/Hubble and NASA
pp.102-103：©国立天文台
p.105：NASA
pp.106-107：pixabay
pp.108-109：NASA
pp.110-111：Adobe Stock
pp.112-113：Adobe Stock
pp.114-115：NASA
pp.116-117：NASA/Alex Gerst
p.119：NASA
p.121：©国立天文台
p.123：Adobe Stock
pp.124-125：NASA/SDO
pp.126-127：pixabay
pp.128-129：Adobe Stock
pp.130-131：Adobe Stock
pp.132-133：NASA
pp.134-135：NASA/Chris Hadfield
pp.136-137：pixabay

Word source list　ことば出典一覧

p.009：『一瞬で判断する力　私が宇宙飛行士として磨いた７つのスキル』若田光一
日本実業出版社
p.010：『人はなぜ星を見上げるのか　星と人をつなぐ仕事』髙橋真理子　新日本出版社
p.018：『命を預かる人になる！』山口孝夫（著）/ JAXA（監修）　ビジネス社
p.022：『人はなぜ星を見上げるのか　星と人をつなぐ仕事』髙橋真理子　新日本出版社
p.024：『一瞬で判断する力　私が宇宙飛行士として磨いた７つのスキル』若田光一
日本実業出版社
p.027：『日本人のための科学論』毛利衛　PHPサイエンス・ワールド新書　PHP研究所
p.028：『谷口少年、天文学者になる』谷口義明　海鳴社
p.036：『ぼくが宇宙人をさがす理由』鳴沢真也　旬報社
p.040：『プラネタリウム男』大平貴之　講談社現代新書　講談社
p.060：『命を預かる人になる！』山口孝夫（著）/ JAXA（監修）　ビジネス社
p.062：『一瞬で判断する力　私が宇宙飛行士として磨いた７つのスキル』若田光一
日本実業出版社
p.076：『一瞬で判断する力　私が宇宙飛行士として磨いた７つのスキル』若田光一
日本実業出版社
p.085：『この空のかなた』須藤靖　亜紀書房
p.090：『宇宙は何でできているのか　素粒子物理学で解く宇宙の謎』村山斉
幻冬舎新書　幻冬舎
p.116：『世界を変えた50人の女性科学者たち』レイチェル・イグノトフスキー（著）/ 野中モモ（訳）
創元社
p.130：『プラネタリウムを作りました。－7畳間で生まれた410万の星』大平貴之
エクスナレッジ
p.135：『プラネタリウム男』大平貴之　講談社現代新書　講談社

Reference site　参照サイト

https://www.brainyquote.com/

未来をひらく 宇宙のことば

2019年12月13日　第1刷発行

産業編集センター／編

ブックデザイン／ohmae-d

編集／松本貴子、前田康匡（産業編集センター）

発行／株式会社産業編集センター
〒112-0011　東京都文京区千石4丁目39番17号
TEL　03-5395-6133　FAX　03-5395-5320

印刷・製本／株式会社東京印書館

 ISBN978-4-86311-251-3　C0095